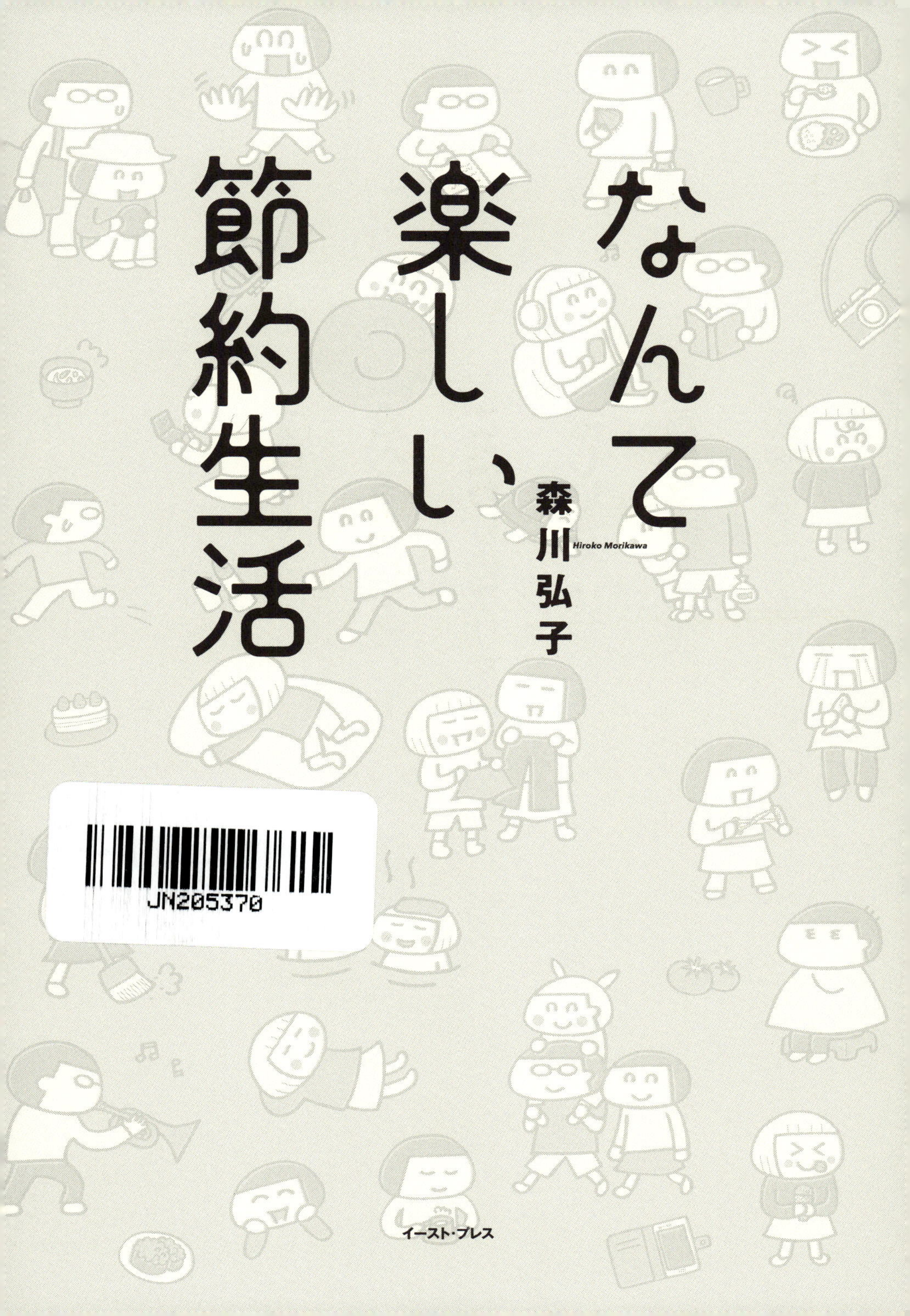

なんて楽しい節約生活

森川弘子
Hiroko Morikawa

イースト・プレス

もくじ

プロローグ 005
食べる物は手作りで 009
こだわりのフリマ活用 017
欲しいものは懸賞で 029
畑仕事のお手伝い 039
素敵なおさがり 049

女子らしく 059
大好きゲストハウス旅 071
娘の部活動 079
フリマアプリに挑戦 089
テント劇団との出会い 101
我が家の美容師 115
近所で天体観測 125
エピローグ 133

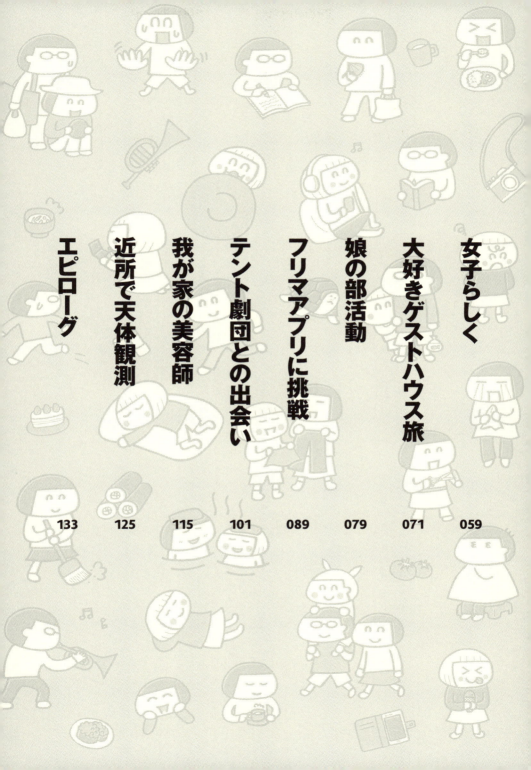

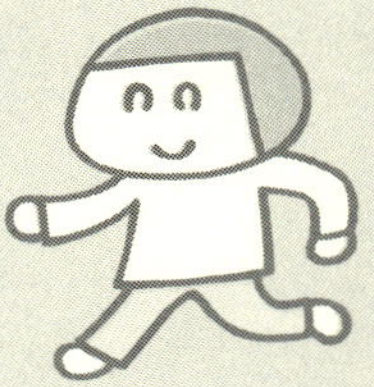

プロローグ

こんにちは
森川弘子と
申します
イラストレーターやってます
食べることと
旅行が
大好きな
アラフィフです
こちらは夫の北野勇作
SF作家です
とか書いてます
それから娘コハル
中学生
ネコ飼いたいな
インコもかわいいな
ピーピー
ぽてぽて
大阪暮らしの3人家族です
タコパー♪
タコ焼きは家で作るもんやで〜
ジュ
ペットのクサガメじゃっぽん
私もいるよ!
夫婦共に自由業で
収入がものすごく不安定なので
結婚当初から
図書館で
ピッ
郵便局で
仕分け作業好き〜
アルバイトを
しながらの
生活でした
牛丼屋で
民族博物館で
パッ
パッ

そんな訳で
節約に目覚めたのは
当然の成り行き
そうかー
パン耳なー!!
ひと月9000円の快適食生活
（魚柄仁之助さん著）
夏は薄着し
いろいろ
ジャー
水シャワー
肩出すと涼し〜
冬は厚着
もこ
もこ
温まる物を食べ
もわ〜
なんとか
やりくりし
とても安くて
いいダシが出る
魚のアテ♥
世間からは
少ないといわれる収入でも
大好きな旅行もがまんせず
年に一度は海外旅行
パリ
そしてそんな日々を描いた
年収150万円一家
森川弘子
nensyuu-150manenikka
コミックエッセイ本を出したり

かれこれ20年以上
そんな生活ですが
1997結婚
2005出産
2017娘・中学校入学
はやっ!!
とかでは決してなく
つらいよ〜
!!!
すべては
楽しく
生きるため
プピー
我が家の節約生活には
普通の暮らしとは
ちょっと違う
(かもしれない)
気づきや
喜びがあります
そんな私たちの暮らしぶりを
これからちょっとご紹介
フキフキ
しばしおつきあいのほど
よろしくお願いいたします!!

食べる物は手作りで

節約の基本といえば手作り
ジャムを煮たり
ぐつぐつ
キムチを漬けたり
ぬりぬり
バジルペースト作ったり
ガガガガ!
娘 バジル大好き
私は周りからまめな人と思われがちですが
もうすぐやな丸かぶり今年もうちで作るんやんな!!
楽しみー
う、うん…
めんどくさいなぁ
実はとてもめんどくさがりでできるだけ手抜きしたいのが本音
ぷるぷる
ああ買いたい買ったらすぐ食べられるのに…
いや!! 今年も作る!!
だって市販の1本分の値段で4本は作れるんだもの!!
メラメラ
ぐっ
という訳で
スーパー行く? 恵方巻の材料買いに
行く行く!!

SUPERMARKET
刺身買うん？カニカマも買ってな
買う買う
何かええのあるかなぁ
わく
わく
あ♡
私コレがいい!!
半額
イクラのしょうゆ漬けか刺身の代わりこれでいっかおまけに半額やし
イクラ大好き♡
キャー♡

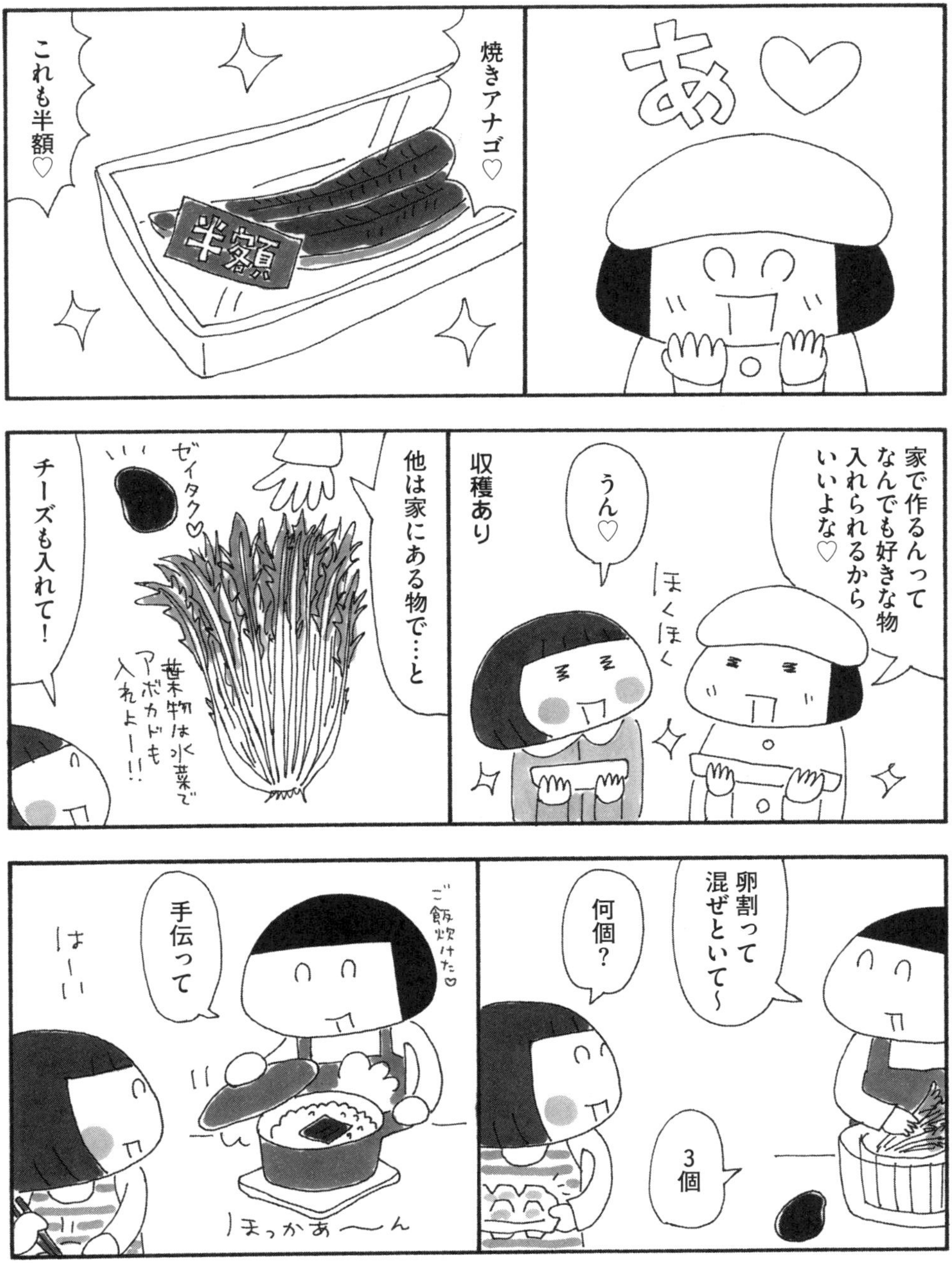
あ♡
焼きアナゴ♡
これも半額♡
半額
家で作るんって
なんでも好きな物
入れられるから
いいよな♡
うん♡
ほくほく
収穫あり
他は家にある物で…と
ゼイタク♡
葉物は水菜で
アボカドも
入れよー!!
チーズも入れて!
卵割って
混ぜといて〜
何個?
3個
ご飯炊けた♡
手伝って
は〜い
ほっかあ〜ん

いくで!
たのむわ
つかれたー!!
はあ
はあ
はあ
パタタ
パタタ
こらー ちゃんと あおいで!!
パタタタタ
ふー
タタタ
味どやろ?
ぱくっ
ずるいっ 私も!!
もごもご
かぼす汁 ちょっと 足そうかな
酸味もっと 欲しいなぁ
好みの味にできるのも 手作りならでは

酢飯ができたらあとは巻くだけ
わくわく
イクラいっぱい入れよ!!
自分で巻く!!
ちゃんと巻けるかー
わー!!
あー こぼれたー
ポロポロ
しっかり巻きやー
入れ過ぎやねん!!
そして
できたー!!
手作りだからこそ味わえる喜び!!

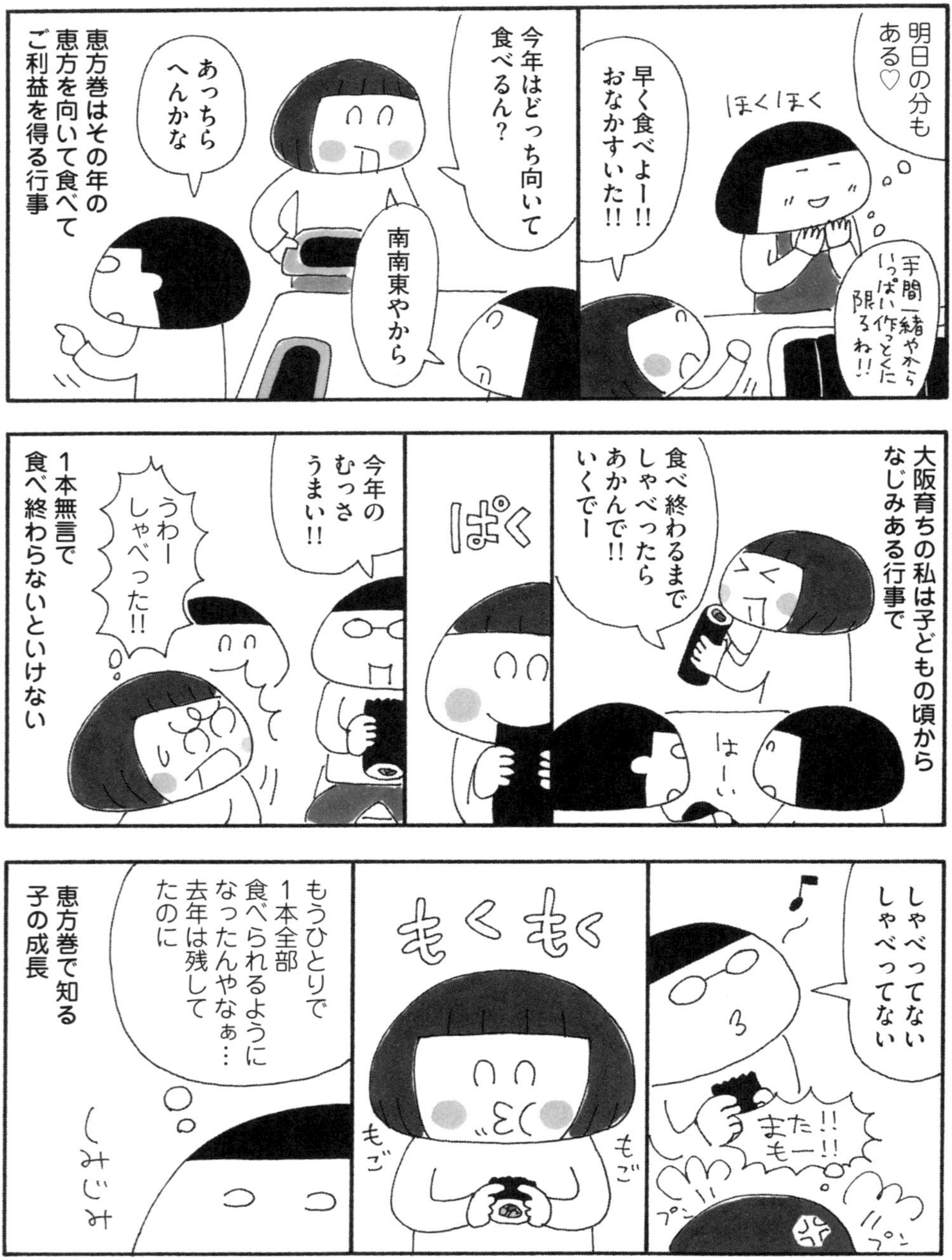
明日の分もある♡
ほくほく
早く食べよー!!
おなかすいた!!
手間一緒やからいっぱい作っとくに限るね!!
今年はどっち向いて食べるん?
南南東やから
あっちらへんかな
恵方巻はその年の恵方を向いて食べてご利益を得る行事
大阪育ちの私は子どもの頃からなじみある行事で
食べ終わるまでしゃべったらあかんで!!
いくでー
はーい
ぱく
今年のむっさうまい!!
うわーしゃべった!!
1本無言で食べ終わらないといけない
しゃべってないしゃべってない
また!!もー!!
プン
プン
もくもく
もご
もご
もうひとりで1本全部食べられるようになったんやなぁ…
去年は残してたのに
しみじみ
恵方巻で知る子の成長

私が小さい時は私だけかんぴょう巻にしてもらってたな
太巻食べ切られへんから
家族は太巻
なつかしー
おいしかったー
ふー
ごちそうさまー
やっとしゃべれるー
うまかったなー
自分で作ったからよけいにおいしかったんちゃう？
自分で作ってみるといろんなことがわかります
のりええにおい♥
くんくん
しんどいー
材料ひとつひとつのありがたみや作業工程
ふー
作る楽しさ
そしてできた時の喜び
できた♥
手作りは手間暇かかるけど
わっもう梅の季節!!
今年は一緒に梅干し作ろか
作る作る！
それ以上に得るものが多く楽しくてやめられません

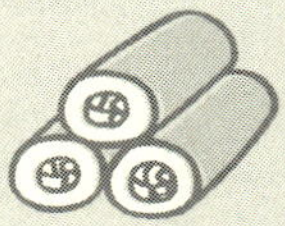

こだわりのフリマ活用

節約生活だと話すと
欲しい物とかがまんしてんの?
と聞かれることもありますが
買わへんのが一番の節約なんはわかってんねんけど私 物欲の塊やからついつい買ってしまうねん…
立ち話もあれやから家来る?
うん
現物見てもうたらわかるわ・・・
うわ〜
ほんまやむっちゃ物ある…
ごちゃら〜

とても節約してるようには見えへんな…
何これ？
へへへ…
クレクレタコラのサブキャラ人形
とりあえずお茶どうぞー
ありがとー
あ!!
それかわいい!!
これ？
そやろそやろ!! これ100円やで!!
え？安!! なんで？100均？
節約のためやからってがまんばっかりは嫌やん？買い物したいやん？
そんな私の節約生活の味方が…
フフフ

フリーマーケット
やねん♡
なるほどフリマかぁ
あー
普通の店やったら手も出されへん物がむっちゃ安く売ってるやろ
千円もあればいろいろ買えて
ほくほく
むっちゃ楽しい♡
でも
そんなにいい物ある?
ガラクタばっかりのイメージやわ
もちろんガラクタも多いけどな
日頃から何が欲しいかイメージしとくねん
ブーツが欲しい

そしたら
フリマ行った時にな
キョロ
キョロ
ピカーン
はっ
ピューー
それがあったらすぐ
目に飛び込んでくんねん
おおお
ほんまにー?
引き寄せの術
みたいなもんかな
イメージすんの
大事やで
娘がずっと欲しがってた
おもちゃをフリマで
初めて見つけた時は
もう売約済みでな
ふむふむ
いつか絶対
手に入れてみせる!!
プルプル
それでますます
欲しくなって

それから数か月後のフリマ
千円
入ってるからな
高い物は
取り置きたのみや
わかった!!
1時間後ここに
集合やでー
気つけやー
はーい
びゅーん
少しでも早く
見て回るために
別行動
(娘も大きくなったので)
1時間後
これ
あったんや!!
しっかりGET!!
くるくるかいてんずし
しかし…
お寿司入って
ないねんけどな
お寿司なしで
ええの!?
え!?
くるくるかいてんずし
ええねん
ずっと欲しかったから
くるくるかいてんずし
ご注文をどうぞ
ドーナツとか
パンとか
回してる…

娘はとりあえず満足していたものの私は納得いかず
寿司のない回転寿司なんて…
ジジジジジ
その後も探し続け
キョロ
キョロ
キョロ
そして
ついに
あった!!
リカちゃん なかよしペットショップ
1100
リカちゃん くるくるかいてんずし
1300
ドキドキ
これお寿司入ってますか?
だいたい揃ってるはずです

少し安くなりませんか?
お約束の値引きのお願い
やったー!!
心の中で叫びつつも
200円引きでどうでしょう?
ありがとうございます買います!!
やったー!! ついについに手に入ったよ!!
ああ!!
ぎゅう
苦節4年長かった〜〜!!
小学生が
中学生になっちゃったけど
カチャカチャ
まだかなまだかな
そわそわ
ただいまー
カラララララ
おかえり!!
あれ!! 見て見て!!
早く早く!!
何?

また何か
当たったん？
ふふふ
あ!!
お寿司
入ってる？
もちろん!!
見たい!!
見たい!!
お寿司♡
ガチャ
ガチャ
ちんまり
うわあ
かわいい〜

ジジジジジ
回ってる!! お寿司回ってるよ!!
うん うん
かあ
ん？
娘は私のことを『かあ』夫のことを『とお』と呼ぶ
やったな!!
見つかったな!!
うれしいなぁ!!
よかったな!!
がしっ
苦労して手に入れた時の喜びったら…普通に買う何倍もうれしいで
何年も探したりするんや…
あとはな特に欲しい物がなくってもな…
なんかときめく物ないかなぁ
ガサゴソ

これは!!
30
50
100
200
はっ!!
イギリスのビンテージのキャニスター♡
ふおおお
今はなき
HORNSEA社製
ネットでは 5~6000円くらいする
こ、これください
しかもこの値段…泣ける!!
お宝ゲットだぜ!!
これぞ至福!! フリマの醍醐味!!
ぴょーん
さすがに値切らなかった私
宝探しみたいで楽しいでやめられへんでー
まぁそうそうないけどだからこそ喜びが大きいねん!!
へー
娘なんかな…
小学生の時な
いっぱい買ってもた…自転車に全部積んで帰れるかなあ
フー
かあ

ん？
よた
よた
でかっ
ひょっこり
かわいいやろ!!
なんぼやと思う？
ふー
重い〜
持って〜!!
500円くらい？
ブッブー

150円でした〜!!
むっちゃ安いやろ〜♪
ふー満足
ほこらしげ〜
娘よ フリマで上手に買い物する子に育ったね…
ごくごく
水分補給〜
まぶしいわ
私も行きたくなってきた!! いっぺん連れてって!!
お宝探し〜
わかった 一緒に行こー でも現地では別行動な!
なんで?
見るスピードも違うし お互いに気使ってたら じっくり見られへんやろ
ええもんは早い者勝ちやから 友だちとはいえライバル
メラ
メラ
フリマは私にとっての戦場やから
負けへんで〜
……

欲しいものは懸賞で

スマホが当たると聞き参加したイベントで
それではお待ちかねのじゃんけん大会ですいきますよー!!
最初はグー
ドキドキ
勝った人以外は座ってください!!
あ〜
ガタ
ガタ
残り3名です!ではいきますよー
えっ3人!?
もしかして当たるかも!!
最初はグーじゃんけんポン!!
おめでとうございますiPoneですよ!!
本物ですよ
キャー♡
負けた…
ガックリ…
自分には分不相応で一生手にすることはないと思っていたスマホ
我が家に1台だけあるガラケー
もう少しで
手が届くところだったのに
なんで
パーなんて出してしもたんや私!!
あああ…
ばかばか私のばか!!

そして私の悪いくせ
手に入らないと
ますます
欲しくなって
しまう
逃がした魚は
むちゃでかかった…
スマホがどんなものかよくわかってなかった
スマホ
欲しい
欲しい
スマホ
欲しい
スマホ
その思いに取り憑かれ
ふと気づくと
エアスマホ
してるんです…
はっ
スマホなんて今まで使わんと
やってきてんからいらんいらん
いつまで
くよくよ
してんねん!!
そうやけど
そうやけど…
でも欲しいねん…
うっ
こうなったら
当てるしかない!!
ゴー
メラメラ
メラメラ
きっときっと
この手にスマホを
つかんでみせる!!

企業になりすましているアカウントもあるので注意

企業の新商品などは比較的当たりやすく
かんぱーい!!
おいしい♡
ジュース
我が家のお酒・ジュース類は当選品でまかなえてます
☆ワイングラスで飲むのがお気に入り
コンビニのチキンや焼き鳥などは
おいしい!!
むぐ
むぐ
楽♡
晩ご飯やお弁当のおかずに大活躍ですし
シャンプーなど消耗品もストックがいっぱい
まだこんなにあったか…
懸賞は節約の強い味方です!!
という訳でそんな懸賞でスマホを当てようと情報収集
あんの? スマホのプレゼントなんて
最近格安携帯会社いろいろ出てきてるやろ そこがな シムフリー? とかいうスマホ プレゼントしてんねん
ちょっと前まで全然見つかれへんかったけど
しむふりー?
さあ!! 応募応募!!
当選確率を上げるため夫にも協力求む
そっちのアカウントでも応募してな
わかった

当選発表日
ドキドキドキ
当選者の方に
DMを送りました。
ガグリ
そう簡単に
当たるわけないやろ
そんなこんなを
繰り返したのですが
ええなぁ
この人が
当たったんか…
どんより
…
当選報告ツイートを見ている
その日は突然やってきました
○○から
ダイレクトメッセージ
きてるけど
え!?
○○!!
○○って
○○って
まさか!!
あわ
あわわ
?
ちょっと
どいて!!
見せて!!
じゃんけんに
負けた
あの日から
9か月…
ドキドキ

※人をダメにするといわれるビーズクッション

ふーん…
え!? 何その反応? スマホやで スマホついに 当たってんで!!
うそちゃうねんで!!
はいはい わかったから よかったね
ばんざーい!!
なぜ一緒に喜んでくれない…
うそー!! すごい!! ついに!!
ってなるんちゃうん?
なぜかクールな反応の娘はおいといて
住所等の連絡と…
これで あってるよな 確認して!!
大丈夫 大丈夫
ドキドキ
間違ったら大変!!
ちゃんとメール 届いたかな…
そわ そわ
そわ そわ
大丈夫かな?
心配性の私は そわそわ数日を過ごし
ついに
きた!!
家族揃って
わく わく
ドキ ドキ
ベリリ
開封の儀

箱までしゃれてる～!!
ぱっかーーん
なんと カメラは LEICAのレンズ! 7～8万円くらいする 新商品!!
説明書 こんだけ? どうやって やったら ええの?
全然 わからんやん…
起動して いう通りに したら ええんちゃう?
ああもう 昭和育ちの 私には ついていけない 世界…
なんてこった!…
どうにかこうにか 設定が済み
写真撮るでー
カシャン
ポケモンGo やって みたかってん!!
娘も私も
むっちゃ ええなー スマホ♡
大満足
ああ
今この手の中に スマホが あるよ!!
7:20
Google

ありがとう ございます 懸賞の 神様!!
じ〜ん
かあ!!
ん?
次はヨギボー 当ててな!!
きゃはっ
あ、そや なんで当たった時 あんまり 喜ばへん かったん?
ふーん…
コハルも スマホ欲しがってたのに…
あんまり 喜ぶと かあ 調子に 乗るかなって 思って…
そうですか…
まあ これからも どんどん 応募しよな!!
うん!!
応募しない 懸賞は 当たれへん もんな!!
せやせや
あとな20年くらい ずっというてるけど
オーブンレンジと サイクロン掃除機 欲しいねん♡
欲ばりやな〜
キャッ
キャッ
懸賞は生活に 夢とうるおいを 与えてくれるのです

畑仕事のお手伝い

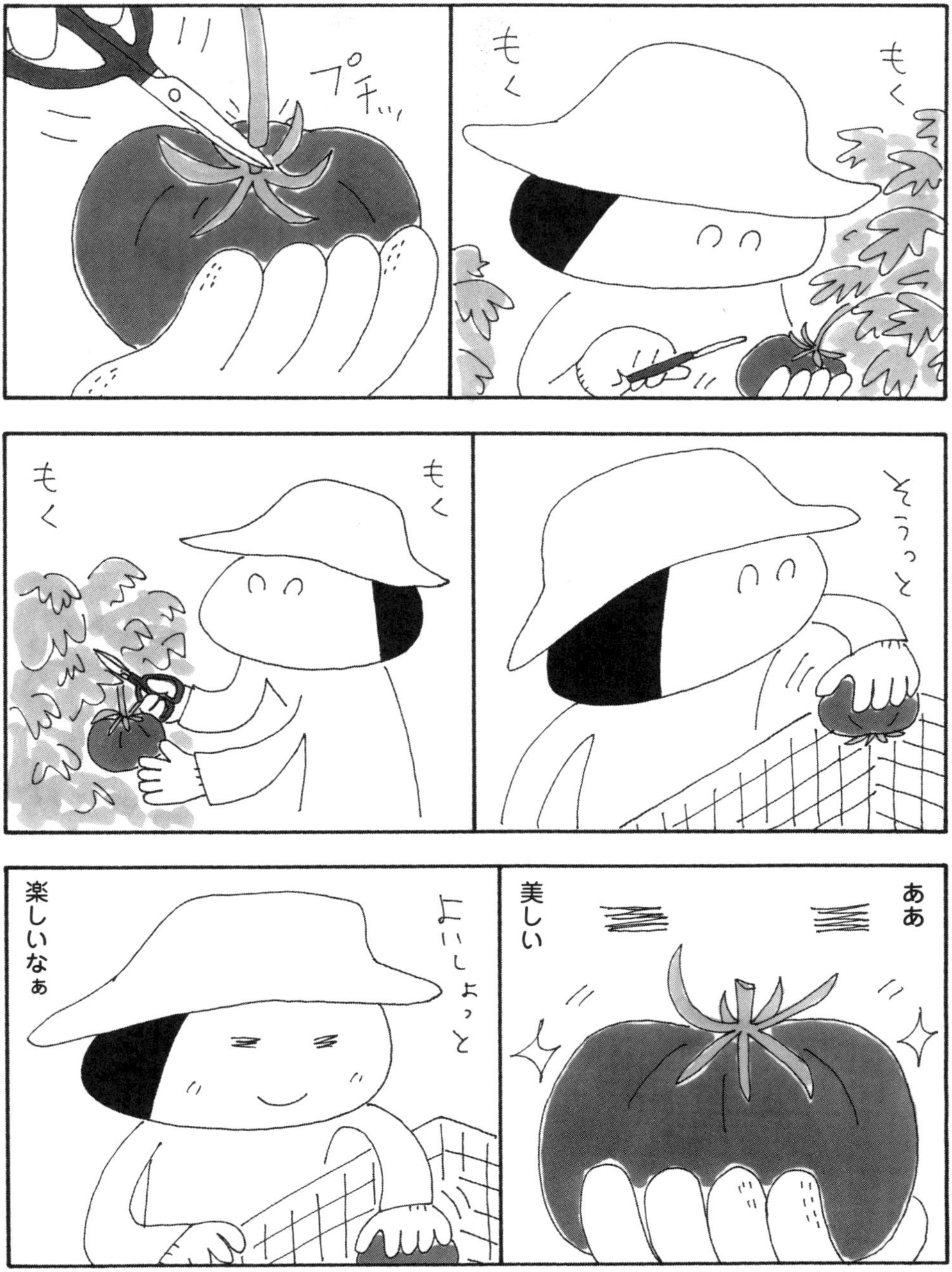

私は今トマトの収穫真っ最中
ふー
のどかわいたー
あーん
いくらでもトマト食べていいよ
おいしー
サイコー
お疲れさん！お昼食べに行こかー
こちら かっちゃんにぃにぃ
今泊まっているゲストハウスの近くで農業を営んでいます
そば食べよかー
出会いは数年前初めてそのゲストハウスを訪れた時
近くの畑の手伝いしたい人!!
ゲストハウスのオーナーさん
はーい
はーい
はーい

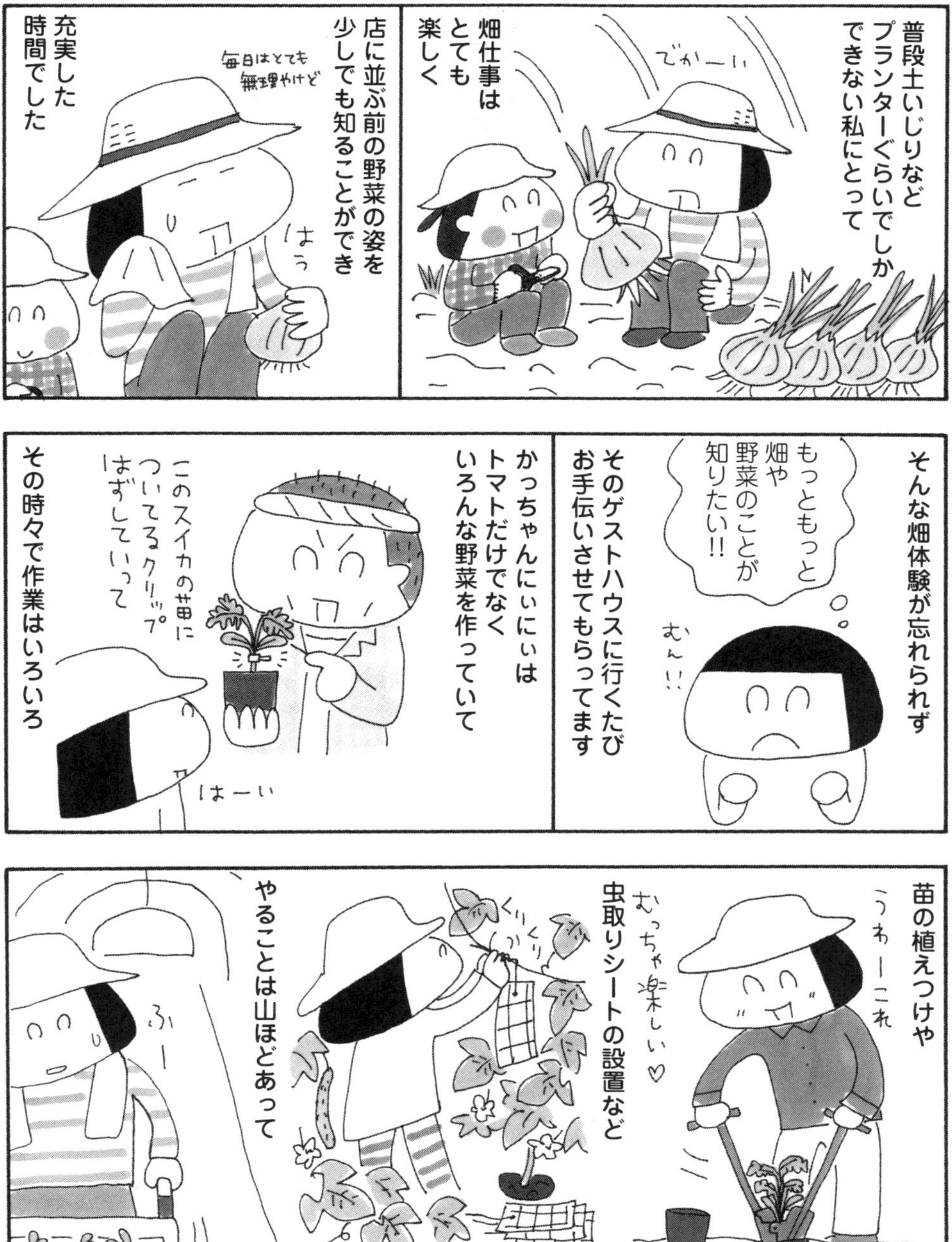
普段土いじりなど
プランターぐらいでしか
できない私にとって
でか〜い
畑仕事は
とても
楽しく
毎日はとても無理やけど
店に並ぶ前の野菜の姿を
少しでも知ることができ
はぅ
充実した
時間でした
そんな畑体験が忘れられず
もっともっと
畑や
野菜のことが
知りたい!!
むん!!
そのゲストハウスに行くたび
お手伝いさせてもらってます
かっちゃんにぃにぃは
トマトだけでなく
いろんな野菜を作っていて
このスイカの苗に
ついてるクリップ
はずしていって
はーい
その時々で作業はいろいろ
苗の植えつけや
うわーこれ
むっちゃ楽しい♡
虫取りシートの設置など
くりくり
やることは山ほどあって
ふー

種まいて水やって
収穫するだけや
ないんやなぁ
こまかい作業いっぱいやな
もわ〜
ほへー
今日は曇ってるし
外は涼しいから
まだマシやけど
真夏なんて蒸し風呂やろな…
ふ
暑い日も
寒い日も
晴れの日も
雨の日も
関係なくずっと大切に
育てられた野菜
こんなに手間かけて
ひと袋100円とか
200円とか
野菜ってむっちゃ安いよなぁ
いつも
野菜高い！とか
思ってたけど
全然そんなことない
農家の人に
感謝やなぁ
ほんま
ありがたい
ことやわ
しみじみ

そして今日は
そんな野菜たちの収穫!!
他のトマトを傷つけないようにヘタ近くで切る
畑仕事のメインイベント!!
植えつけとかも好きやけど
やっぱり収穫は格別やな!!
前来た時 虫取りシート設置した トマト畑やから 更にうれしさ倍増
りっぱに大きくなったな
おいしく食べてもらえよー
そっ
ヘタを下にして並べる
ん!?
畑のすみにいくつも転がってる赤くなる前のトマト
これって虫ついたりとかですか?

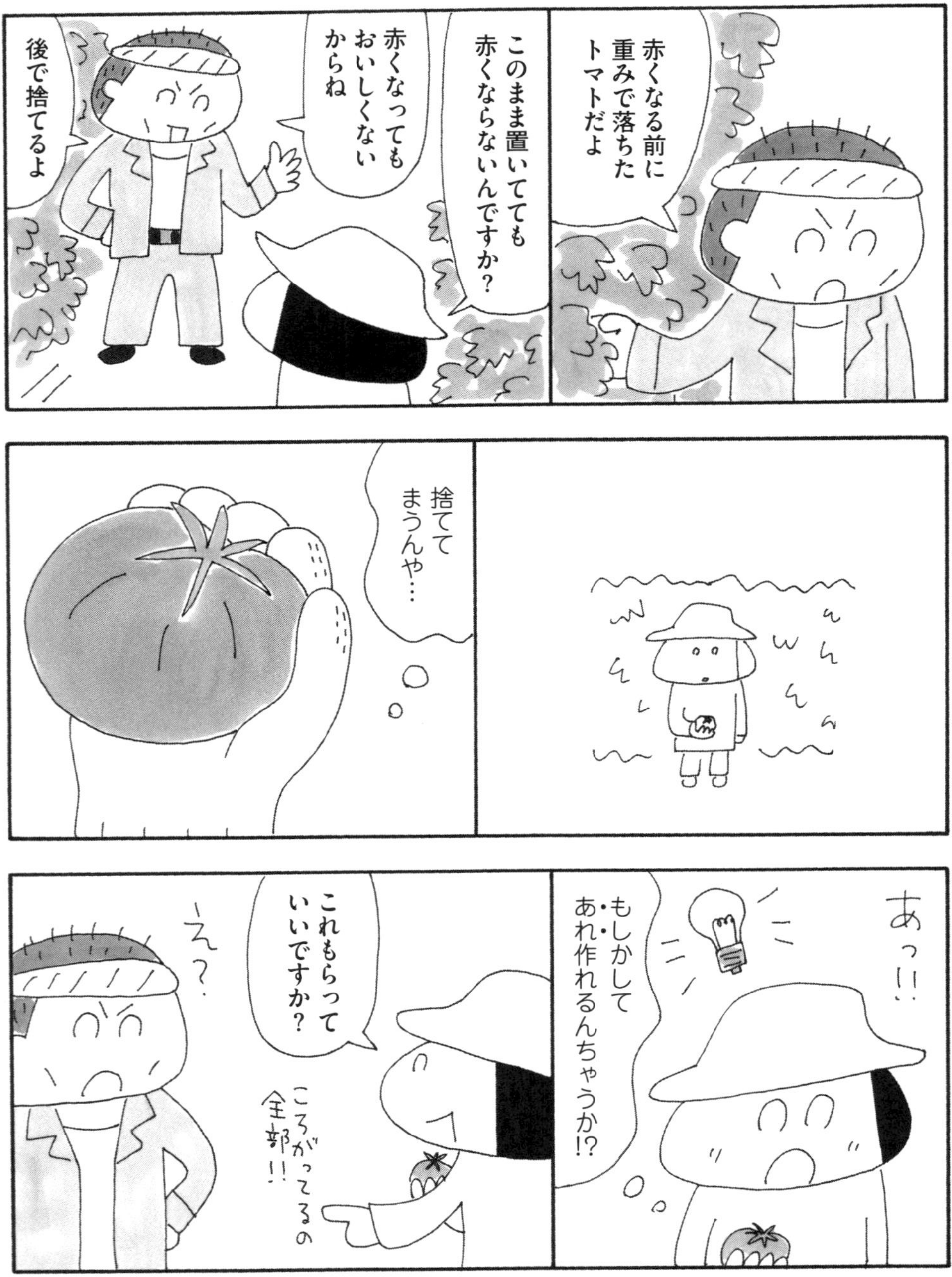
赤くなる前に重みで落ちたトマトだよ
このまま置いてても赤くならないんですか?
赤くなってもおいしくないからね
後で捨てるよ
捨ててまうんや…
あっ!!
もしかして・・あれ作れるんちゃうか!?
これもらっていいですか?
ころがってるの全部!!
え?

もちろんいいけどそんなのどうするの？
ちょっと作ってみたい料理があって
食べるの？
まぁ作ってみてどうだったか教えて
はい!!
ふと頭に浮かんだのは『フライドグリーントマト』
昔観たアメリカ映画のタイトルでその料理名がずっと忘れられず
いっぺん食べてみたかったんや♡
ずっしり
でもまずかったらどうしよう…
どんなもんか全然知らんし……
とりあえず作り方検索や！フライドグリーントマトっと
お！あるあるむっちゃ簡単やん!!
よし!!
材料も揃ってるし作れる〜♥
パン粉に小麦粉…と
ゲストハウスの台所にあるご自由にどうぞコーナー
FREE
フライドグリーントマト
それでは
レッツクッキング!!

トマトを輪切りにして
塩をパラパラ
小麦粉
卵はなしでもOK
小麦粉と卵と水を混ぜ
そこにトマトをくぐらせ
パン粉
パン粉をまぶし
油で揚げて
ジュワー
できあがり
わーいっぱい作ってもた〜
まずかったら終わってるな…
どれどれ味見っと
ひょい
わあ何これ？酸味がきいててむっちゃおいしい!!
初めての味〜〜!!
畑手伝わへんかったら一生知らん味やったかも
幸せ〜♡

何これ？
おいしーね！
よかったー
グリーントマト
なんですよ
今日畑でね〜
他の人にも
好評で
外はサクサクで
中身はジューシーですね！
がや
がや
ゲストハウスのおかず持ち寄り夕食会
土に還る運命だったのに
こんなにおいしい料理になって
よかった
残ってない
ほっ
カラッ
こんな感情を
与えてくれるなんて
すごく得した気分
ありがとうグリーントマト!!
green
そして今日の食費0円
これって究極の節約料理やん!!
ありがとう!!
これからもいろいろ探してみよう!!
節約冥利に尽きる!!
そんな驚きや発見
いっぱいの畑仕事
シャー
たまらなく
楽しいです!!

素敵なおさがり

毎年毎年
ずっと
着ていない服を
ただ入れ替える
私の
衣替え…
この服
やっぱり
かわいいなぁ
1回も
着たことないけど
もう着ん服は
ええかげん捨てな
はっ
わかってる
わかってるけど
必要になった時
買わんでええように
置いとかんと
新品の服なんて
高くて買われへんもん
例えばこれ
10年前にもらった服やけど
コハルの小学校の入学式に着て
こないだ中学校の
入学式にも着られたし
6年に2回…
こういうええ服は
そういうもんや
形がシンプルやから
流行とか関係ないねん♡

次の出番は高校の入学式やな
それからこれ
かわいいやろ!!
ちょっとしたパーティーの時に着られるやろ
パ、パーティー?・そんなもん行くことあるか?・
ちょっと着てみるわ
どう?
う〜〜ん
男ってこれやから
ぷしっ
に、似合わへん…
ガーン

気持ちは18歳で止まってるけど
ぷる ぷる
見た目はどんどん老いてってるから若い頃の服まったく似合わんくなってる!!
ひ〜〜ん
ああ!! あの頃バンバン着たらよかった!!
ばかばか若い頃の私のばか!!
でもまあ似合わんくても家の中で着たらええかそれやったら誰かに見せるわけでもないし
どんどん普段に着よ
がんばれ私!!
よし！素敵部屋着ストックっとこれも節約♡
ぽい ぽい
ちょっと待て
それってもったいないからって
子どもの卒業した学校のジャージを部屋着にするおかんと一緒ちゃうか?
そんな節約やなくてもったいないが口ぐせのただの貧乏性ちゃうか?
ガーン
よろっ

そ、それはそうやねんけどな
思い切って捨てた服に限ってな
ぎゅっ
あー！
あの服
今むっちゃ必要!!
捨てんかったら
よかった!!
ってなんねん…
ひーん
そんな思いはもう
したくなくてな…
捨てなあかんって
わかってんねんけど
しくしく
しくしくしく
捨てられ
へんねん
ふー
こりゃ
あかん…
まあちょっとずつでも
減らしていってや…
部屋着も
山ほどあるなぁ…
そうそう
着つぶせるもんじゃ
ないからなぁ…
でもまあ今は
とりあえず置いとこか
ごそ
ごそ

かあ
ん？
どう？
ブー
何よもう汚いなあ
ふきふき
えーだって
それ
私が20年前に着てた服やから…
2019年
1990年代

見たことない服いっぱい箱に入ってたから着てみてん
そんな前の服やったんや〜
そやでー もう捨てようかなって思ってな
でもかわいいやん
ぴったりやろ
くるーり
ほんまやなぁ
あっという間に
大きくなって
もう私の服が着られるようになったんやなぁ
私の服を着る娘を見る日がくるなんて…
なんか不思議なもんやなぁ
これ着るわ気に入ったわ

他のもちょっと待って私いっぺん見るから捨てんの
全部着てみる〜
これも着る〜♡
これもむっちゃかわいい♡
え？それちょっとセクシー過ぎちゃうか？
着てみるわー

どう？
いけるわ
かわいいわ
あー
〝女性〟とまでは成長してないからセクシーじゃなく着られるんやなー
いっぱいあるなー
昔の服がこうやって
またよみがえってくれるなんて
これどう？
なんともいえず
うれしいなぁ
かわいいわぁ
それ買ってから1回も着てなかったからさらにうれしい♡
えーなんで着んかったん？
もったいなーい!!
汚しそうでこわくって…

それ着てくれたら罪悪感からも解放されるわ
お金をドブに捨てんで済んだって
ほう～
もう着ん服買いなや
もったいないし
はい…
肝に銘じます
あ、こんなんもあんでー
もらったけどはいてないねん
えー何それ？
さらに年代物のラッパズボン!!
昔はやってんでー流行は繰り返しっていうからまたはやるかもー
これはちょっとはかんかも
さすがにあかんかー
じゃあこんだけ置いとくわなー
うん
無駄にならんでよかったー♡
ああ…
こうしてまた物が減らんわけですな…

女子らしく

私はほぼノーメイクの女
決してスッピンに自信があるわけではございません
そして外出時はつねに帽子をかぶるので
スチャッ
髪をセットしたりもしません
その昔 私の中学時代は
明菜ちゃん
聖子ちゃん
キョンキョン
アイドル全盛期で
それをマネた周りの女子たちは
自分でやってんの?
ブラシ付きドライヤーでブローしてんねん
美容院で段つけてもらってからやで
みんな輝いていました
当然私も
ブラシ付きドライヤー買って!!
母
お願い!!

マネしてみるも
なれへん あんな風に なれへん…
挫折
ブォー
そして社会人になり 化粧に挑むも
いや〜〜!!
化粧した自分の顔に 耐えられず…
女子として完全なる敗北…
化粧って きれいに なるために するもん ちゃうん…
うっうっ
それ以来 私はよっぽどのことがない限り すっぴんで過ごすように なりました
そんな中 出会ったのが
化粧 してない ほうがいい
のちの夫
こういう人だったので 恋をして 化粧をがんばるということも ありませんでした
ノーメイク生活は とっても楽で
メイクに時間を 取られないから ギリギリまで 寝られる
メイク落としも いらない!!
ぐかー
ぱしゃ
さっと 洗う だけ!!
それに何より
ノーメイクは お金が かからないんです!!
あたりまえ だけど♪
リップに
化粧水
これだけで 済む女!!
災い(?)転じて 節約となっていたのです

そして時は過ぎ
娘が保育園の頃
はやりのSNSを始めて
わぁ
色々あんなー!!
目についた懸賞をとりあえず応募していたら
ある日 化粧品が当たりました
おーかっこいいの当たった!!
わっ♡
某有名メーカーのアイ&チークパレット
わーきれー♡お化粧するやつやん!!
かわいい♡
よかったなー
え!?
なんで!?
化粧品って知ってんの?
知ってるよ~
かあこれでかわいくすんの?
私が全く化粧せんのに!!
恐るべき女子!!

か、かあは使えへんから お世話になってる人に プレゼントしようと思って
びっくりしたな
ええやつやから
えー!? なんで?
かあこれで お化粧したら かわいくなるって
かあはお化粧ヘタやから かわいくできへんねん
宝の持ち腐れやねん
だから お化粧上手な人に 使ってもらったほうが ええねん
難しかった かな? まあそのうち 理解するやろ
そんな私も歳を重ねるにつれ ファンデーションくらいは 塗るように
ほぉ〜
そっかー 目の下のクマは ファンデーションで隠せば えーんや!!（気づくの遅すぎ）
たまに口紅も
もちろん懸賞や モニターでゲットした 商品を使ってです
ひんぱんに使わないので サンプル品でも 充分
LIP

じー
ん?
なんか感じる…
コハルか…
な
何?
化粧するようになったんや
へー
け
化粧というほどのもんとちゃうけどな…
もしやまだ私に化粧して欲しいと思ってんのかな?
私もしてみたい!!
え!? そっち?
今の若いきれいな肌にファンデーション塗ることないって!! ピカピカやのに!! もったいないないって
え〜
あーびっくりした そっか もうそういう年頃かぁ
どきどき
とっさにあんなこというてもたけど

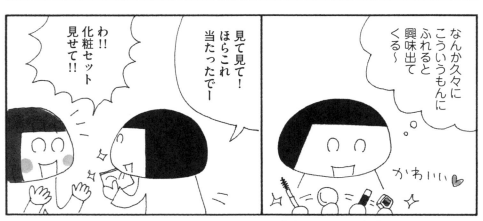

まだ残っていたのか!? 女心？

これ かぁ 使うの？
化粧すんの？
コハル 使って ええよ
え？
ええの？ ほんまに？
化粧して ええの？
そしたら 一緒にしよ！ かぁもやったら かわいくなるよ！
やっぱりまだ 私に化粧して 欲しいんや…
ごめんよ
じわん
きれいでかわいい 母ちゃんじゃなくて…
いいなー やろー ちょっと だけ～
しよしよ!! 一緒に 化粧しよ!!
母ちゃん がんばる!!
何!?
だきっ
…という訳で
コンシーラー？
これ どーやって 使うんやろ？
知らんよ～

あ！そや
動画あったわ!!
ピカン
これと全く
同じセット使って
化粧するやつ!!
よかった!!
このセット
検索した時に
見た!!
ほぉぉ
こうやって
使うんや〜
元からかわいいお姉さん
だったけど
化粧が進むにつれ
どんどんかわいくなっていく
こんなに
変わるん
やったら
化粧すんのも
納得やな
スッピン
見せたく
ないって
いうのも
わかるわ
かわいー♥
なるほどなー
そしたら
やってみよか
うん!!
わくわく

チークとか アイメークするわ
ファンデーションは 塗らんとくわ お肌ピカピカ やから
はいはい
ひと通り動画を見た後 その通りにやってみる
大丈夫? できてる?
うん 大丈夫
なるほど〜 アイシャドウ塗ると 目元パッチリに見えるなぁ
ほほう——
歳を取ったからこそ 化粧した方が いいんかも
きれいかどうかはおいといて…
おっ やってる やってる
ちまちま
一生懸命 塗ってるなぁ
短い まつげに
何?
ププッ

手つきがおもしろいから
かわいいかわいい
ハッハッハッ
もーできるまで見んといて!!
よし!
できた!!
ドキドキ
どう?
かわいい?
塗り過ぎ塗り過ぎ!!
福笑い
おたふくみたい〜
まあええやん初めてやし〜
外行けへんし〜
多少濃くっても
多少ではない…
とおに見せよー♡
とお〜どう?
化粧できた〜

え？
何？どっか違うの？
男って…
その後も
髪くるくる巻きたいねん♡
との要望を受け
懸賞を探し
お！あったあった!!
せっせせっせ
ブラシ付きドライヤー
ヘアアイロン
なんとかゲット
くるくるになるかな〜
化粧やブローに挫折して以来
どやろ〜
避けてきた女子道
なってるー♡
ほんまやー

これどう？
巻き過ぎ〜！
次かぁ巻いてみて
この歳になってその楽しさを娘から教えられることになろうとは…
やるやる〜
やけどしなやー
わかった〜
あの頃には戻られへんけどここからまた始めてみようかな
もーヘタやな巻いたるわ
娘には楽しみながら自分なりに
輝いて欲しいなぁ
ほらくるくる〜
母ちゃん応援するよ!!
お金はかけないけどねー
がんばれ〜
？
そんでもって自分の稼ぎでちゃんと化粧品買えるようになってね!!
ポン

大好きゲストハウス旅

節約生活とはいえど大好きな旅行はやめられません
だって旅行は生きる喜びだから
旅準備
そんな私の〝旅〟といえば海外旅行だったんですがLCC（格安航空会社）の出現で変わりました
大阪から
北海道
片道2,290円とか
宮崎
片道1,480円とか
沖縄
片道1,900円とか※
セールを狙うととっても安く飛べるので
※空港使用料・手数料などのぞく
今ではすっかり国内旅行にはまっています
近い！安い！安心!!
めし
しかし航空券が安くなったといっても旅とはお金がかかるもの
削るとなるとやっぱり宿泊費…
そうなると選ぶ宿は〝ゲストハウス〟と呼ばれる安宿に
昔は旅の強者どもが集まるところだったけど
バックパッカー
今では子連れで利用できるゲストハウスも増えて節約旅の強い味方です
わー！ここ小学生無料!!

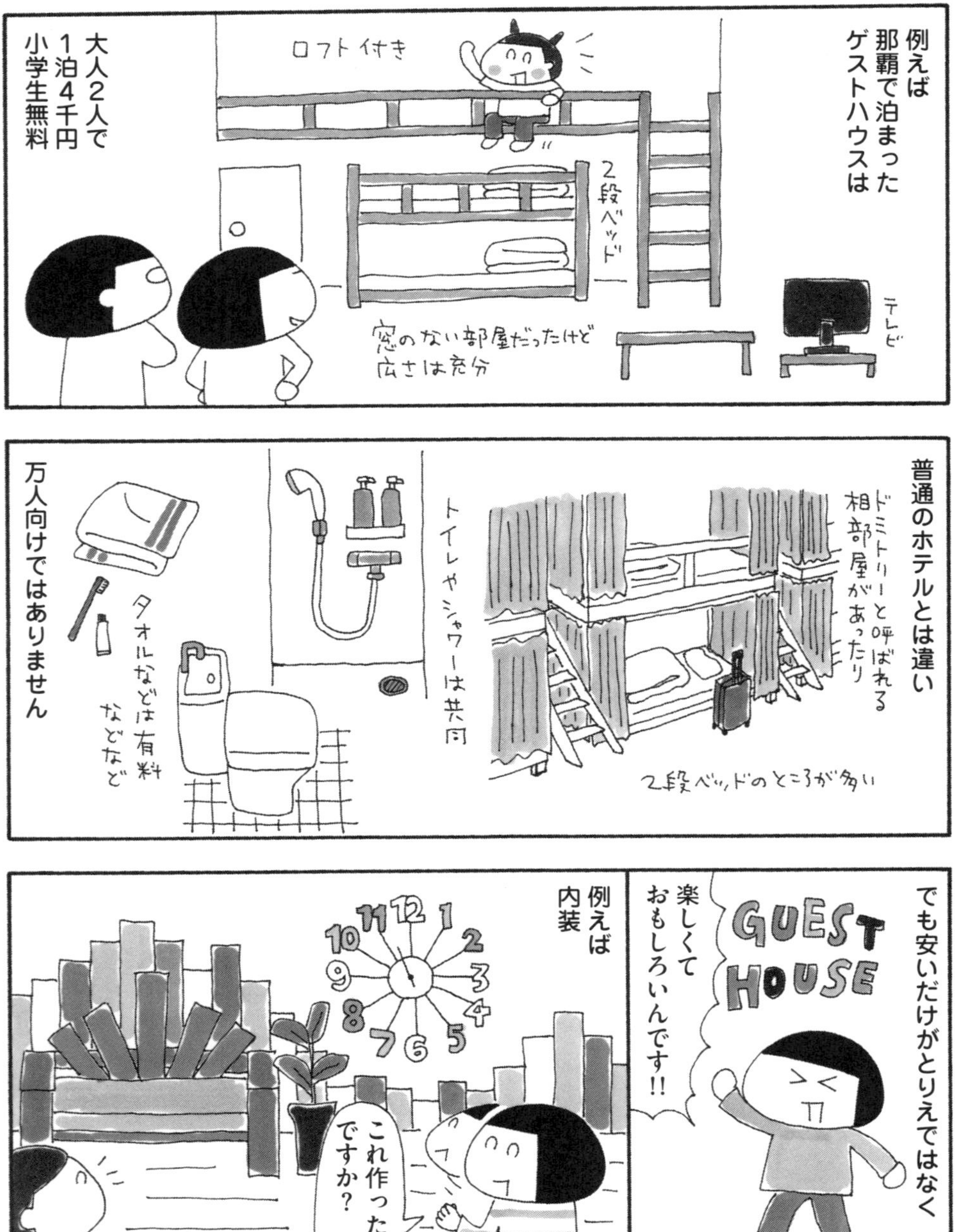
例えば
那覇で泊まった
ゲストハウスは
ロフト付き
2段ベッド
テレビ
窓のない部屋だったけど
広さは充分
大人2人で
1泊4千円
小学生無料
普通のホテルとは違い
ドミトリーと呼ばれる
相部屋があったり
2段ベッドのところが多い
トイレやシャワーは共同
タオルなどは有料
などなど
万人向けではありません
でも安いだけがとりえではなく
GUEST HOUSE
楽しくて
おもしろいんです!!
例えば
内装
これ作ったんですか?

そうですよ こっちは (沖縄中部) なんでも自分で やらないとね
へ〜
ポロン♪
オーナーさん自ら リフォームしたり 家具など手作りし オリジナルな空間を 作り出しているところが多く
これ かわいい♡
物作り心を刺激されます
サンゴで作った照明
そして いちばんの楽しみは 人との出会い
ようこそ〜
よろしく お願いします
オーナーさんやスタッフさん
それに普段出会わないような 年代・職業・国籍など バラエティ豊かな 宿泊者さんたち
元 バックパッカー です
自転車で 日本一周中です
早期 リタイヤした 元 教師です
大学生です
韓国から来ました
リビングやキッチンなど 共用部分が多いので
何 作ってるん ですか？
セビッチェっていう ペルーの魚介マリネです
私は チヂミを
自然に交流が広がり
旅の情報交換や 人生相談などで
ここ おすすめ です！
好きな人が いるんです けど…
ほー
キャー♡
恋バナ♡
大いに 盛り上がります

初めはちょっと
不安だったけど
こんなに楽しいんや ゲストハウスって
人との距離が近く
ホテルにはない交流の場に
すっかりハマってしまいました
ある時
沖縄のゲストハウスで
実は
この旅で
結婚式
挙げるんです
えー!!
いつですか?
どこでですか?
ちらっとのぞいたりできますか?
ドレス姿見たい!!
来ちゃう?
○○ホテルで
△△日だよ
数日後…
ザザー
式が行われる
ホテルへバスで向かうも
もうとっくに
着いてるはずやのに…
最寄りのバス停に着いたのは
約束の時間10分前
ホテルどっち?
おろ
おろ
ここから徒歩20分かかんのに…
スマホもなく
簡易な地図しかなく

タクシーも全く通らず困り果て
すみません!! ○○ホテル どこですか?
信号待ちの車にかけよりました
ちょっと距離あるから送ってあげるよ乗りなさい
ほんとですか!?
ありがとうございます!!
旅ではいつも人の温かさが身に染みる…
だめですよ…
そんなこんなですべり込みセーフ
ありがとうございました〜
ブォー
ブライダルサロンどこですかっ?
は、はい!!
フロント
ピュー
あちらのエレベーターから3階に上がって…
ありがとうございまーす
ヒロちゃ〜ん!!
きれー!!
おめでとうございます!!
キャー♥

式の前にビーチでの写真撮影
それではビーチの方へ
間に合ってよかったー
ふー
いらん気使わせるとこやったわ
この日の天気予報は雨
雨降らんでよかったね
はい！
娘さん
晴れるとまではいかなかったけど
一瞬 ふたりを祝福するかのように光が差し
それはもう本当に美しく胸がいっぱいになりました
たったひと晩一緒になっただけなのにこんな場にいられるなんて
人との距離を近づけてくれるゲストハウスのおかげです
じーん

忘れることのできない
大切な旅の
思い出が
またひとつ
増えました
はい、チーズ!!
出会った人たちとは
その後も交流が続き
オモニのキムチです
ありがとー
おいしー
レモン鍋
家に来てくれたり
外で集まったり
ゲストハウスから
旅が大きく
広がっていく
感じがします
カンパーイ!!
普段はとても人見知りで
人の輪に入るのが
苦手な私ですが
PTAの集まりとか
ああ逃げたーいっ!!
ゲストハウスでは
不思議と
素の自分で
いられる
気がします
素
それはきっと
オープンに
迎えてくれる
スタッフさんたちや
旅人さんたちがいるから
めんそーれ!
これだからゲストハウス泊の
節約旅はやめられません
いってきまーす!!

娘の部活動

娘、中学に上がる春
ボロボロになってもたなー
6年間ありがとー
中学入ったら部活何したい?
んー
たぶん帰宅部かな?
なんかもったいないやん!!
えー
だってめんどくさいし…
そらそやけど…
そして入学式
わや わや
入学式の吹奏楽部かっこよかったなぁ
パーパパーパパパパパパ
チラシくばってたー
部員♫募集中!!
体験入部やってるから行ってみるわ

行き行きー
楽器できたら
かっこいいでー
んー
外で
習いに行ったら
いくらかかるか
わからんし
はっ
そうか!!
部活って無料で
習い事できるってこと
ちゃうん?
むっちゃお得やん♡
やっぱ
やらん手は
ないで〜〜
キーンコーン
カーン
コーン
プオー
プオー
プオー
まさかほんまに
吹奏楽部に入るとはなぁ
音楽には全く
興味なかったのにな
うんうん
しかも
トランペット!!
トランペットも
いいねんけどな
ほんまはな
サックスが
やりたかってん…
かっこいい
やろ〜
ブオブオブオ

でもな先生が
トランペットの方が
合ってるって
初めて吹いて音出たしな
くちびるが
トランペット向きやって
トランペットええやん!!
家にあるし
よかったやん!!
そう実は夫の趣味が
トランペットで
プペ〜〜
我が家には
トランペットがあるんです
不思議やなぁ
自分と同じ楽器を
自分の娘が吹くように
なるとはなぁ
ほっ
ほんまよかったわ
同じ楽器で
もしサックスやったら…
家で練習したいなぁ
サックス欲しいなあ…
いじ
いじ
サックスっていったいいくら?…
ぞー

先生も熱心やし 先輩もやさしいねん はやくもっと吹けるようになりたいな
コハルちゃん
よかったなー
部活って無料で教えてもらえてラッキー♡くらいにしか思ってなかったけど
部費とか多少はかかるけど
学業以外も指導してくれはって…休みも減るのに…
なんてありがたいんや!!
しっかりがんばるんやで!!
ガシッ
でもなー トランペットは難しいぞ～
ドレミの音出すだけでどんだけかかったことか…

プー
もー
出てるや～ん
すぐ
抜かされるんと
ちゃう？
ひゃっひゃっひゃっひゃ
メラメラ
むむむ
ライバル!!
まー楽しいのは今だけで
そのうち根を上げるかもな
吹奏楽部は
休みなくて
大変って
聞くし
休みなしは
きついなあ
しかしそんなこともなく
部活♥
イキイキと
部活中心の日々
部活♥
そしてある日
再来週の
土曜日
○○学院で
演奏会
あるから
はいっ
いろんな中学と
合同で!!
ねむ～
いってらっしゃーい
演奏会前は
朝練も
気合いが入り

本番の日
わや
わや
わや
こんなん久しぶりやわー
昔クラシックコンサートとか行ってた時期あったなぁ
徹夜で並んで安いチケット買ったなぁ…
娘らの出番までだいぶあるな寝てまえへんかな…
プログラム
プロの演奏会じゃないから全く期待せず学芸会でも見る感じでいました
始まるな
ゾロ
ゾロ
○○学校吹奏楽部ですできたばかりの部で部員も少ないですががんばります!!
部員募集中です!!
パチ
パチ
パチ

パチ
パチ
パチ
なかなかよかったなー
そしていよいよ
娘たちの出番
どきどき
大丈夫かな…

上手いとか下手とか
そういうことを
超えた何か
今その時にしか
出せない音があり
一生懸命さとか
若さとか
ちゃんと音に
出るんやなぁ
強く心を
動かされてしまいました
そういうことに
50も近くなってから
気づかされるとは…

パチ
パチ
パチ
娘と一緒に今まで
いろいろ
追体験してきたけど
がんばれー!!
ドキドキ
また新しい世界を
見せてもらったな
うっ
まぶしい!!
ちょっと大げさかもしれんけど…
ありがとうございました!!
むっちゃよかったでー
どうやった～?
ちょっと間違えたー
これからの上達
楽しみにしてるよ
プオ

フリマアプリに挑戦

ある日
衣替えをしていて目についた
あ!! これもう
サイズ小さいなぁ…
頂き物の
子ども用あったか下着
新品やのに
もったいないなぁ
う〜ん
どうしようかなぁ
もうこのサイズ
あげる子も周りに
おらんしなぁ…
あ!!
かあー
○○ちゃんは
フリマアプリで
自分の服
売ってんねんて!!
そんなん
売れるん?
ってか中学生でも
やっていいん?
けっこう
稼いでる
らしいで
親の同意があったら
ええみたい
やってみたら?
何か
売れるかな?
登録して
みよっか!

フリマアプリで売ったらええんちゃうん!!
捨てるに捨てれずただの場所食い虫になっていた不用品たちが
お金に変わるかも!?
10000
1000
10000
生活費の足しになるかも!?
にやり
なんか悪だくみ?
新品やったら汚れとか気にせんで済むし試しで出品してみるのにちょうどええんちゃう?
やってみよー!!

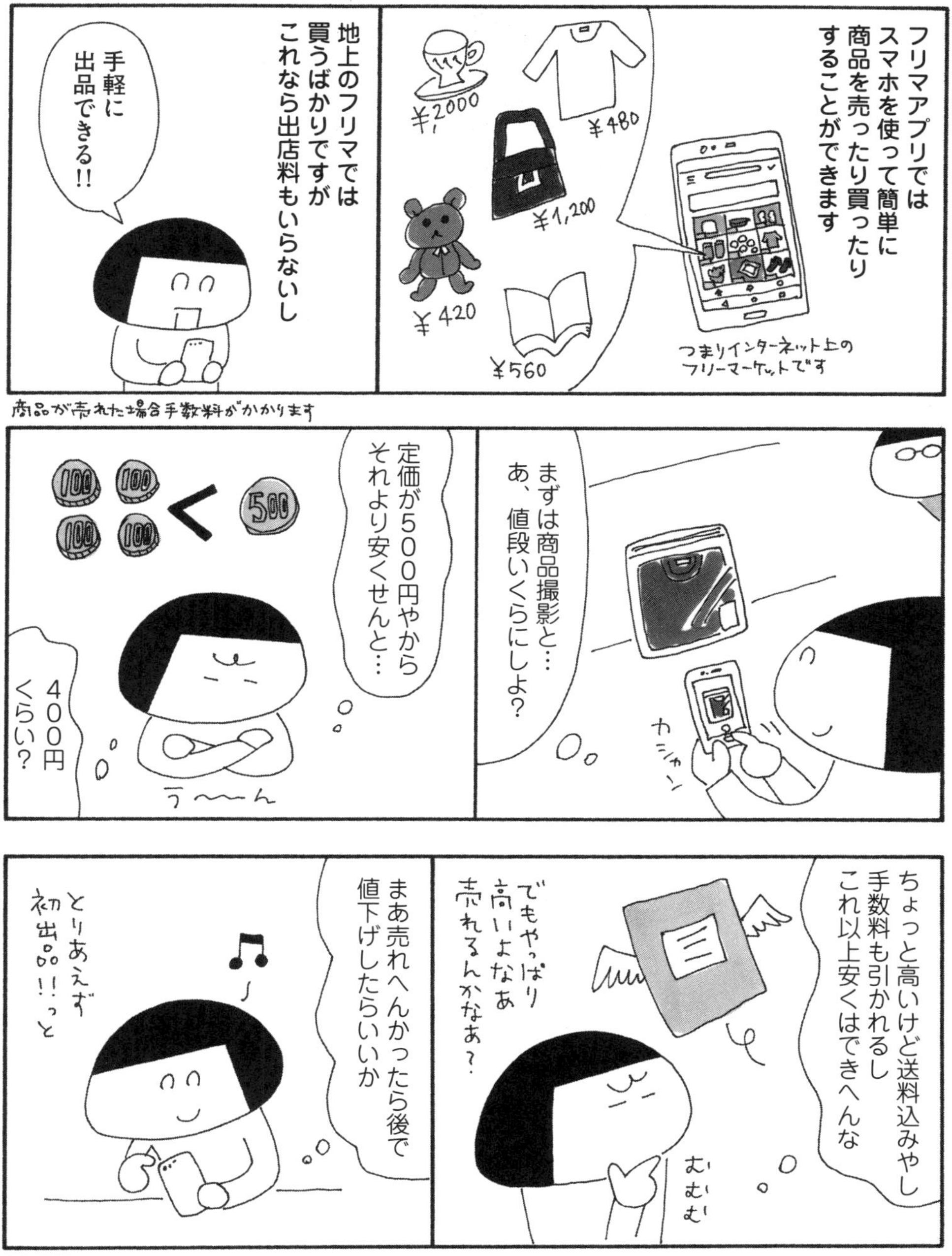

フリマアプリでは
スマホを使って簡単に
商品を売ったり買ったり
することができます
¥2000
¥480
¥1,200
¥420
¥560
つまりインターネット上のフリーマーケットです
地上のフリマでは
買うばかりですが
これなら出店料もいらないし
手軽に出品できる!!
商品が売れた場合手数料がかかります
まずは商品撮影と…
あ、値段いくらにしよ?
カシャー
定価が500円やから
それより安くせんと…
400円くらい?
う〜〜ん
ちょっと高いけど送料込みやし
手数料も引かれるし
これ以上安くはできへんな
でもやっぱり
高いよなあ
売れるんかなあ?
むむむ
まあ売れへんかったら後で
値下げしたらいいか
とりあえず
初出品!!っと

ひと仕事した気分!! コーヒー飲もうっと
ふー
ん?
フリマアプリからメール?
ブブブ
「あったか下着130キッズ」の発送をお願いします
え!?
も、もう売れたん!? まだ出品して10分も経ってないのに!?
オタ
オタ
わっメッセージきてる!! とりあえず返事しな!!
取引画面
初めまして! 購入させていただきました. よろしくお願いいたします.
取引メッセージの内容は必要に応じて事務局で確認しています.
取引メッセージを送る
お買い上げありがとうございます 発送までしばらくお待ちくださいっと…
これでええかな?
次は梱包かあ
これはもうビニールに入ってるから…

あとはちょうどいい封筒探して・・・
ガムテープ〜
メッセージ書くのにちょうどいいかわいいミニ便箋どこいった？
使いたい時に見つからん〜
どっかにあるはずやのに!!
何バタバタしてんねん・・・
パカッ
ガサガサ
付箋でいいかビニールの上に貼れるし
粗相があったらあかんから例文チェックや
○○様このたびはお買い上げありがとうございました
カキカキ
○○さんどんな人やろ？
私の初めてのお客さん
お子さんに着せるんやろな〜
できた!!あとは
発送するだけ!!
よし!!

私が使っているフリマアプリは
お互いの住所も名前も
知らぬまま商品の発送が
できるので
これ ひかえです
ありがとうございます
郵便局
なんだか安心
発送完了
やったー ひと仕事終えた気分!!
物売るって大変やねんな
ありがとうございました
ウィーン
¥1000
値段設定
交渉
梱包
発送
ただ右から左へ流すだけじゃなく…
ふー
でもちょっとお店気分が味わえて楽しかったな
次はもっとかわいいラッピングにしてみたいな
ただいまー
売れたで!! フリマアプリで
え? 何売ったん? いつ?
あったか下着の新品!! びっくりやで出品してすぐ売れてん!!

売れた物の半分以上が24時間以内に売れてるってコマーシャルでいうてるもんなー
へー ほんまに
そんなに早く売れるんか
いらんもん どんどん売って 家片づけて
どんどん どんどん
わかった…
でもすごいなー ほんますぐ売れたから
むっちゃ うれしー
私もなんか 売りたいー
数日後 無事届いたと連絡があり お互いを評価し取引終了
わあよかったちゃんと届いた うれしー
ほんでいくら もうかったん？
あったか下着○○
○○○○○○○○
商品品代金 ¥400
販売手数料 ¥40
配送料 ¥175
販売利益 ¥185
送料 送料込（出品者負担）
購入日時 11月○日
え〜〜〜 185円!?
たったの？ あんだけ ばたばたして 185円!?
STOP!
うそ やろ…

ちゃうねん
ちゃうねん
お金やないねん
値段やないねん
チッチッチ
なんていうたら
伝わるかなぁ
この満足感
なんともいわれへん
うれしい気持ち
胸いっぱいに
広がる
充実感
ほっとこ
ほっとこ
自分で物を売って
初めて得たお金
たった185円だけど
お値段以上の宝物を
手に入れた感じ——!!
正直こんなに
うれしいとはなー
やってみな
わからんなー
またなんか
売れるもん
探そ♡
すぐ売れたことに
気をよくし
んー
ええもん
ないかー
探しまくりっ
ぽいっ
パカッ
ぽいっ
かわいいからともう小さいのに
取ってあった娘の服たち
ハワイで
着てた
なあ
保育園によく着て
いってたなあ
しみじみ

それぞれに思い出があるけれど
これがお金になると思えば手離せる!!
服も着てもらったほうがうれしいはず!!
気が変わらへんうちに売ってまお!!
まわり片づけなっ
撮影っと
服の写真撮るのって難しいなぁ色も微妙に違うし…
かっこよくなんて撮られへん…
まあ商品がきちんとわかればええんや
正面
後
タグ
出品っと
ピコン
えっ!?もう売れた?
○○○○○
初めまして
コメント失礼いたします
こちら○○○○円にお値下げ可能でしょうか?
ん?コメント?

おお!!
値下げ交渉か!!
出品した商品にコメント欄があり質問などやりとりできるのです
これだけ値下げすると送料手数料引いたら〇〇〇円にしかならへん…
思い出の品が…
う〜ん
私は今までフリマでどんだけの人々に値下げしてもらってきただろう…
はっ
いいですよー
OKです!!
大事にしていただけるなら♡
どうぞ!!
これオマケするわ!!
今度は私の番ではなかろうか…
〇〇〇〇円で大丈夫ですよ
ポチポチ

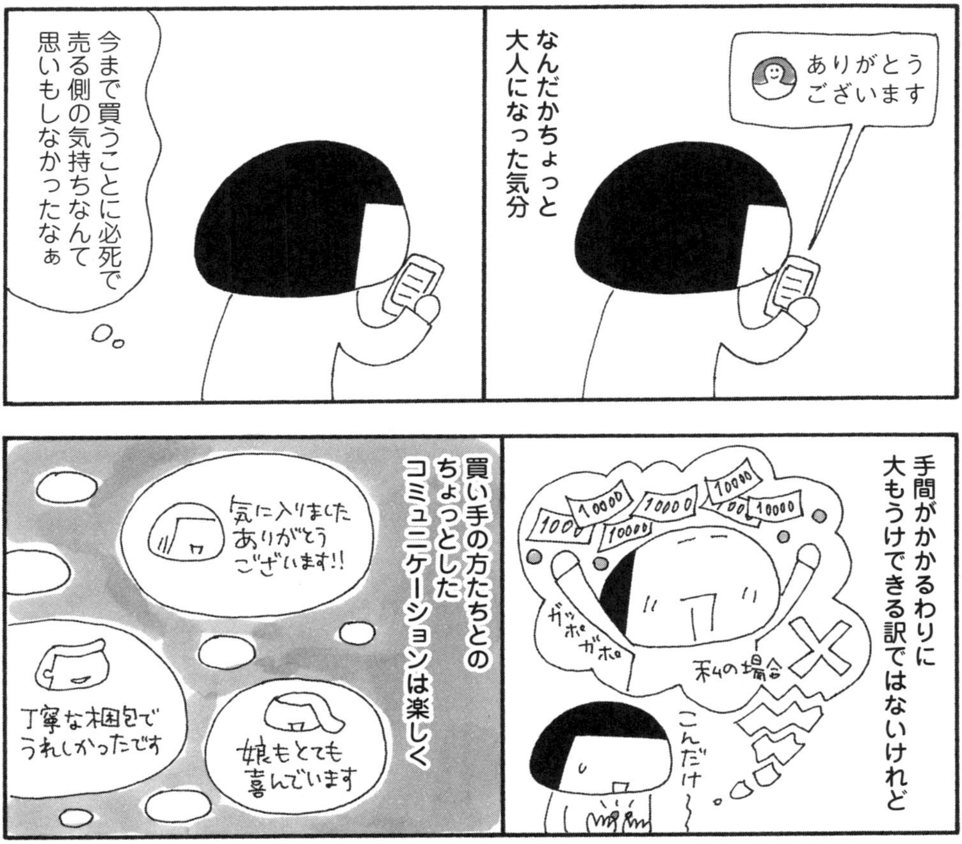

ありがとう
ございます
なんだかちょっと
大人になった気分
今まで買うことに必死で
売る側の気持ちなんて
思いもしなかったなぁ
手間がかかるわりに
大もうけできる訳ではないけれど
ガッポガッポ
私の場合
こんだけ～
買い手の方たちとの
ちょっとした
コミュニケーションは楽しく
気に入りました
ありがとう
ございます!!
娘もとても
喜んでいます
丁寧な梱包で
うれしかったです
売る喜びも知ることができ
かわいがってもらえよー
ゴミにならんで
よかった～♡
この荷物何？
フリマアプリ用♡
楽しみのひとつと
なりました

テント劇団との出会い

その劇団との出会いは5年前
よかった…
身も心もボロボロになった仕事が終わり
テント芝居観に行ってくるわ
おもしろいらしいねん
私も行こっかな
おもしろいもん観たい…
家族3人で久々の外出
ああ夜風が気持ちいいー
大阪城公園に
あやしげに光るテントが建っていた
わっなんかアングラ？
昭和感ただようというか今時ではない異空間
いらっしゃいませー
大丈夫かなぁ…

白塗り芝居を観たことはあるけど
大駱駝艦
維新派
ここまでチンドン屋メイクは初めて…
受付
いらっしゃいま〜せ〜
私にわかる芝居なんやろか…
大人2枚
小学生1枚
お願いします
不安
直視できない
不安ながらも
やっぱり芝居は近くで観んとな
最前列に
近過ぎた？
おもしろなかったら気まずいな…
〜始まった〜
うわ〜

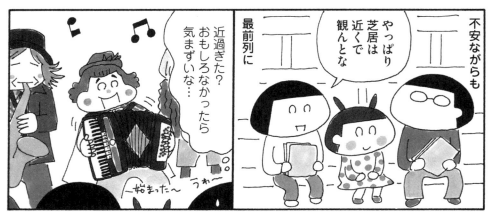

でも
そんな不安は
すぐ
ぎゅっ
ふっ飛んだ
歌あり踊りあり
話はあるようなないような
今まで
こんなの
観たことない!!
なんなんやこれ?
幕を取っ払うと
テントの外まで
舞台に変わり
わあー
全く関係のない
通行人までも
背景の一部に
何やってんだ?

こんなにおもしろいものがまだまだあるんや!!
コーフン
その舞台にすっかり魅了され
ほくほく
ほんまおもしろかったなー
からっからに干からびた心がたっぷりの幸せで満たされたのでした
夫は終演後の打ち上げに残った
それからしばらくその劇団のブログを読み漁る日々
えー!? あの時北海道から観に来てた人おったん??
まじかー!!
その名は劇団どくんご
固定メンバープラス変動メンバー数人
公演が終わると全てをばらしトラックに積み込んで
どくんご
次の公演地に移動してまたテントを建てるそうやって春から秋にかけ全国を旅して回っている

日が経つにつれどんどん
もういっぺん観たい!!
強くなっていく思い
ゴゴ
その後の公演日程とにらめっこ
パソコン
お!! ここやったらLCCのセールで安く行ける!!
鹿児島行っていい?
??
鹿児島? ええけど
鹿児島行くんやったらついでに温泉も♡
観光もせなもったいないもんな
どくんご観に行く?
行く
というわけで鹿児島へ飛んでしまいました
桜島かっこいいー!!
その年最後の公演地鹿児島には全国あちこちからのお客さん
沖縄から来ました
へー
私は東京から
寒さ対策の毛布

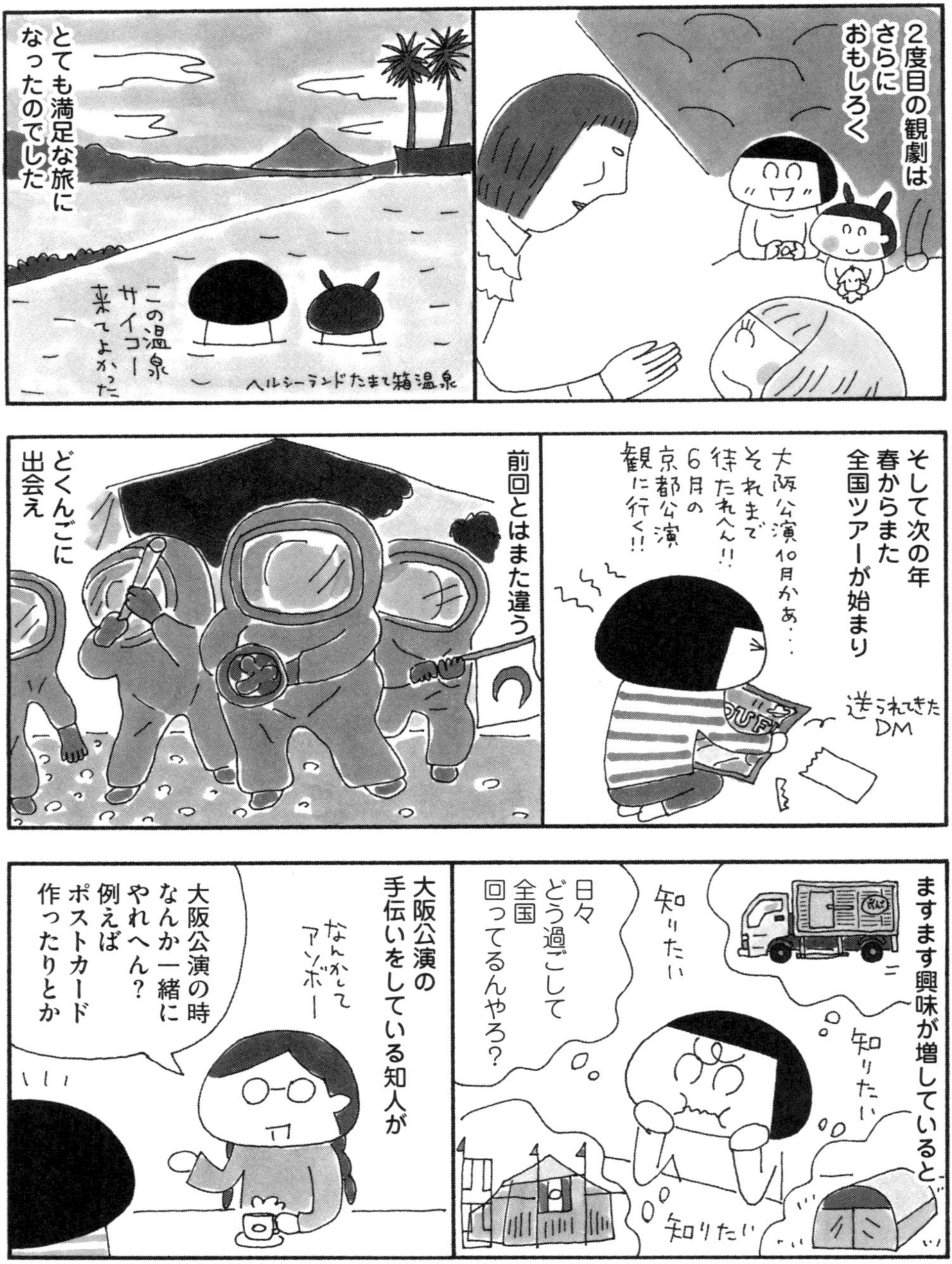

2度目の観劇はさらにおもしろく
とても満足な旅になったのでした
この温泉サイコー来てよかった
ヘルシーランドたまて箱温泉
そして次の年春からまた全国ツアーが始まり
大阪公演10月かあ・・・
それまで待たれへん!!
6月の京都公演観に行く!!
送られてきたDM
前回とはまた違うどくんごに出会え
ますます興味が増していると
知りたい
日々どう過ごして全国回ってるんやろ?
知りたい
知りたい
大阪公演の手伝いをしている知人が
なんかしてアソボー
大阪公演の時なんか一緒にやれへん? 例えばポストカード作ったりとか

実は私
密着マンガ
描いてみたいなって
思ってんねん
もじ
もじ
どんな風に
旅してるのか
すごい興味が…
でも知り合い
でもない私が
同行するなんて
無理とは
わかってんねん
けど…
しかしその
数か月後…
来ちゃった
ドキドキ
よろしく
お願いします
おーい
テント
バラシ中
知人のおかげで
2週間ほど
同行させて
もらえる
ことに
キンチョー
岡山での
公演が終わって
次の公演地
香川へ移動
到着したら
すぐ楽屋を建て

翌日舞台のテントを建てる
素人でも手伝えるように指示してくれる
はい！
夜になったら舞台照明の明かり合わせ
日々の体調管理はとっても大事
公演当日は演奏の音合わせをしたり
個々ウォーミングアップ
あー

上演し
終演後は
この後ここで
打ち上げをします
知り合いがいてもいなくても
よかったら残ってください
公演終了後の翌日は
全てバラして
次の公演地へ移動
休みがあったり
公演日数が違ったりもするけれど
基本的にはこの繰り返し
四国は日程に
余裕があるけど
他はもっと
ハードやから
ほー
だねー
共に旅をし
規則正しい
生活を知る
ポロン
もっと
アウトローかと
思ってたけど
そりゃ
そうやなぁ
長丁場
やもんな
ある日の
休憩時間
わや
わや

マンガの仕事依頼よりテレビ取材依頼のが多くて…節約生活を見せてくれって
うちもテレビ取材したいってあったな貧乏生活見たいって
貧しないっ
豊かやっ!!
そのへんわかってないんだよねー
もちろんことわったよ

そうそう
そうやねん!!
節約生活していて
大変やねー
お子さんも
ふびんやわぁ
……
かわいそうとか
みっともないとか
いわれたりもするけれど
違うねん!!
そうじゃないねん!!
高い…
これも
かわいい
ねんけど…
そりゃ
欲しい物をがまんしたり
もったいないー
みずー!!
ジャー
つい
イライラ
してしまうことも
あるけど
無理していやいや
やってるわけじゃなくて
うまくできたー
あつっ あつっ
少ない収入の中で
楽しく暮らすためなだけ
キャー

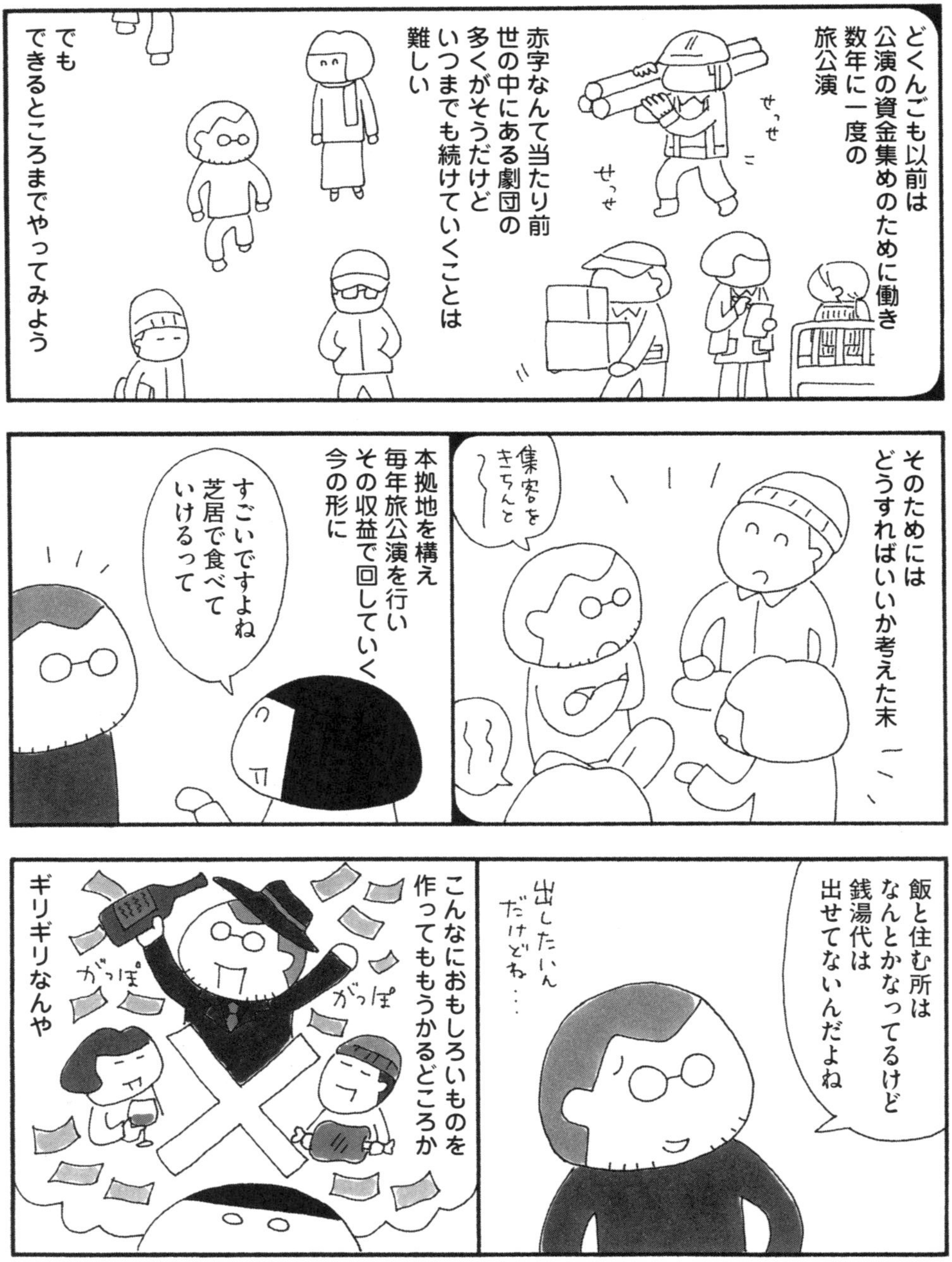
どくんごも以前は
公演の資金集めのために働き
数年に一度の
旅公演
せっせ
せっせ
赤字なんて当たり前
世の中にある劇団の
多くがそうだけど
いつまでも続けていくことは
難しい
でも
できるところまでやってみよう
そのためには
どうすればいいか考えた末
集客を
きちんと
本拠地を構え
毎年旅公演を行い
その収益で回していく
今の形に
すごいですよね
芝居で食べて
いけるって
飯と住む所は
なんとかなってるけど
銭湯代は
出せてないんだよね
出したいん
だけどね…
こんなにおもしろいものを
作ってももうかるどころか
がっぽ
がっぽ
ギリギリなんや

もし私やったら
天狗になりまくるくらい
どやー!!
すごいやろー
おもしろいのに…
これ以上テントを
大きくするわけにも
いかないしね
お客さんがこんなに
入るようになったのも
最近だし
好きなことやりたいことを
続けていくことは難しい
若いうちはいいけれど
人生も折り返しに入るとなかなか
でもそんなことは
感じさせず
光を
見せてくれる
私も
自分の道を
進もう
うん
がんばろ!!
誰になんと
いわれようと
あれから数年
今もどくんごは旅を
続けていて
パワーをもらいに
またテントへ向かうのです
劇団
あー
来ちゃった

我が家の美容師

理髪店に通っていた夫
じー
いっぺん切らして
散髪代節約できるかも
シャキーン
それって紙切りバサミじゃ…
時間はかかったけれど
ごめんっ
ちょっとひっかかったわ
いたたた
まずまずのでき
フム
2時間かかったな髪切りバサミやったらもっと早いかな…
ある日
友達から
バリカン借りてきたでー
うわーこれめっちゃ楽!!
ヴィイイイ….
しばらく悩んだ末バリカン購入
散髪3回分のお値段

十数年使用し
十二分に元が取れ
ええ買い物
やったなー
よしよし
現在は2代目
音も静かになって
充電もできる!!
進歩してるなー
父から新品をもらった
風呂場
最近は
夫が自分で
だいたい
刈って
ブイブイブー
しあげしてー
へーい
とても楽になりました
そして私
昔から美容院が苦手
本日はどのようになさいますか?
アワワワ
キラキラした美容師さんとの
鏡越しのトークが苦痛で
長い間美容院には行かず
のばしっぱなしでした
前髪だけ自分で切る
チャキッ

※私が通っているところの場合

時間は多少かかりますが
かゆいところはないですか？
わしゃわしゃ
ないです
ていねいで
先生が手直しもしてくれるので
ここはもっとこうして
はい！
仕上がりも安心です
最近はおもに毛染めで
白い…
月1回くらい通っています
パタタタ
鏡越しトークはあいかわらず苦手ですが
親子ほど離れた年代の子らと話す機会もなかなかないので
学生さんもトークの練習
私もトークの練習
少しずつ楽しめるようになってきました

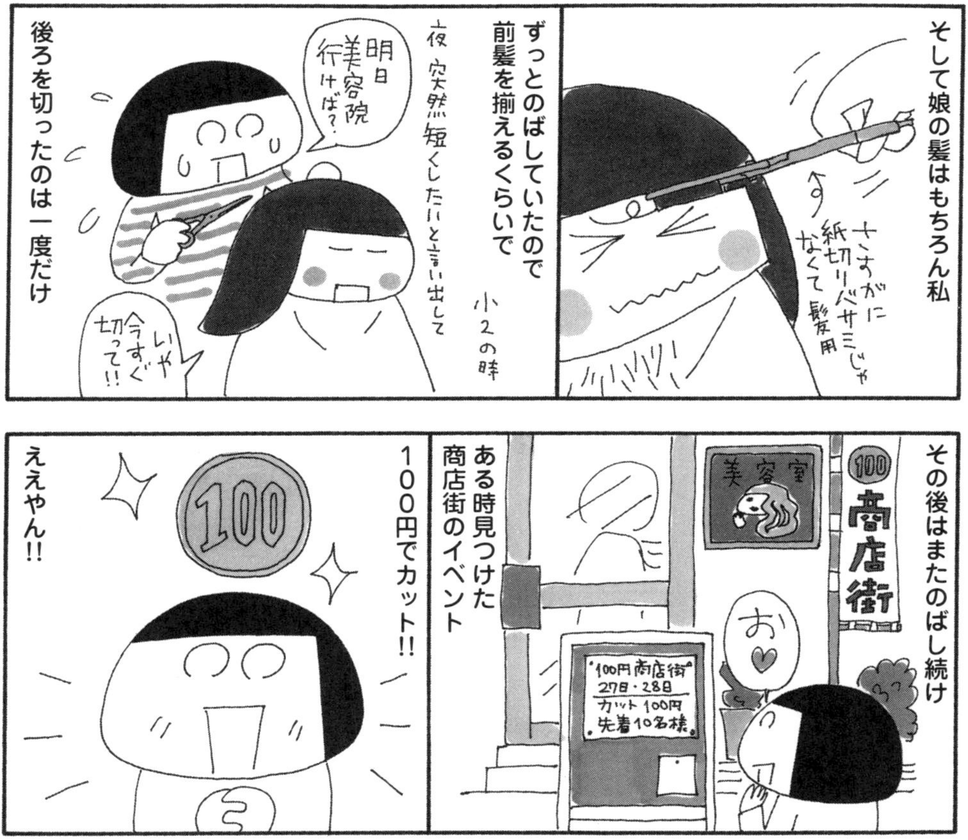
そして娘の髪はもちろん私
さすがに紙切りバサミじゃなくて髪用
ずっとのばしていたので前髪を揃えるくらいで
小2の時
夜 突然短くしたいと言い出して
明日美容院行けば？
いや今すぐ切って!!
後ろを切ったのは一度だけ
その後はまたのばし続け
100 商店街
美容室
お♡
"100円商店街" 27日・28日 カット100円 先着10名様。
ある時見つけた商店街のイベント
100円でカット!!
100
ええやん!!
先着10人やから何分前に並んだらいい？
1時間くらい？
イベント当日45分前にお店へ
カット100円 先着10名様
ひとりしか並んでなかった
ほっ
娘、初美容院カット
手通してねー
揃えてください

なんかお姉ちゃんになって見えるなー
シュッ シュッ
娘 ご満悦
サラ サラ
その後はまた前髪だけ私が切る日々
娘 中学生
そろそろ切らな目に入ってんで
嫌!!
すぐ短く切るやろ まゆげ見えるくらい!!
まゆげ隠すから
絶対やで!!
動いたら危ない!!
じっとして!!
思いっきり見えてるやん…
ちょっとだけやん それにオンザまゆげの方がかわいいって
大丈夫大丈夫
ぷるぷる
まゆげの形嫌いやから出したくないねん!!
ごめんごめんすぐのびるって!!

まゆげの形
気にするような
年頃になったんやなぁ
くすん
私に切られるんが
嫌って言い出すんも
きっとすぐやな…
しみじみ
とか思っていたら
くくんの
めんどくさいから
短く切って
中学の校則で
肩につくと
くくらねば
いけない
え!?
後ろはあかんわ
無理やわ!!
美容院
行ってきーや
美容院高いやろ
100円商店街の時は
どうせ部活で
行かれへんし…
かあ切ってや
むっちゃ うまく いったー
ほっ
前切って
くれたやん
小学生の
時に…
そ、それは…
あの時は
たまたま
うまくいったけど
今は中学生やで
失敗して
学校行ったら
笑われんで…
大丈夫やって
美容院行き!!
どっか(安いとこ)
探すし!!
なっ
部活ずっと
あるし
行くヒマ
ないから…
今切って

このくらいにして
簡単に言うけどなぁ
どうなっても知らんからな
親を信用しすぎやで
あ!! ちょっと待って
ネットで検索や!!
ボブカットの切り方っと…
なんでも動画あるなあ便利な時代やわ
フムフムなるほど
まず髪の毛をブロッキングするんやな…
早く〜〜
こうやって分けて
ちょっとずつ切ってくんやな…
よし!! 切るで
ざくっ

ギャー!! いきなり切りすぎた…
ひぃ〜〜!!
ど、どうしよう
初めっから思い切りよくいったらあかんねや
アセ アセ アセ
うわ〜 短くなりすぎるかな…
おた おた
小2の時はこんなに毛量多くなかったから切りやすかったんやな…
ああ むずかしすぎる…
はっ
次のブロックもっと短く切ってもた… 変な段が…
明日 学校休ませて美容院行かせな…
しかし
はっ
ピカーン
流れるような美しい段差になってる〜〜
奇跡!!

おお
神よ!!
できたん?
ありがとうございます!!
うん
いい感じ
めっちゃうまくいったやろー
キャー
見て見て〜
奇跡〜
プロ級〜〜♡!!
自画自賛
へー
無関心
なんとか乗り切れたなー
ふー
さすがにもう
高校生になったら
切ってくれとは言わんやろ…
サッ サッ
髪の毛そうじ
我が家の
美容師
引退します
そっ
こんな日もきっともうすぐ…
とか思いながらも
ほれぼれするライン〜
何よ! じろじろ見てる〜〜
うっとり
カット技術を盗もうとしている
私なのでした
チャキチャキ
ふむふむ こうやって切るんか…

近所で天体観測

満天の星を見に行こうツアーとか
プラネタリウムとか
星空を楽しむ方法は色々あるけれど
やっぱりお金かかるよなぁ
うち車もないしなあ
2015年頃
こんな星空見たいけど遠くに行かんと無理やなぁ…
ツイッター
え!?
今日宇宙ステーション見えんねんて!!
日本の上空通るって!!

宇宙ステーションが!?
なんでそんなん
わかんの?
ツイッターで
ツイートしてた
星とか空とかの写真が
むっちゃすごくて
よくリツイートされてて
私もフォローしてる
写真家の
KAGAYAさんが
フォロー中
KAGAYA
@KAGAYA_11949
へー
詳しく
書いてんの?
時間も方角も
ばっちり書いてるから
見に行こう!!
ところで
宇宙ステーションって
何?
ガクッ
何で通るわけ?
そんなことも
知らんのに
見に行こうって
ええか?
宇宙ステーションって
いうのはな

でっかい人工衛星でな人間が長期滞在できて実験とかしてて
こんな風に地球の軌道を回ってるんや
宇宙ステーション
地球
同じとこぐるぐる回ってるんとちゃうの?
ぐるぐるー
軌道の修正をしょっちゅうしながら飛んでるからな
昼通ってる時は見えへんし
ふーんわかった!!
ピタッ
ほんまかいな…
そして夜
あ! そろそろ通るんちゃう? 見に行こー
どこ行くん?
児童館の公園
宇宙ステーション見に

なんか
久々やなー
夜に3人で
歩くの
ほんまやな
北東って
どっちや
あっちが
北やから…
北を前に向いて
左が西で
右が東やから
あっちらへんが
北東やな
そんな覚え方
してるんか…

あっち見とけばいいんやな
すぐわかるかな
あと何分くらい？
まだ5分くらいあるわ
久しぶりやなぁ星見んの
大きい星しか見えないけれど夜空はやっぱりきれいで
遠くに行かんでも空眺めてたら旅気分になるなぁ
旅の間はよく空見てるからなぁ
心やすらぎます
そろそろやで
よし!!

見えへんなー
ぴょいっ
どこやどこや？
時間合ってるよなー
キョロキョロ
方向間違ってんのかなー？
あの星動いてる～
え!?
あれや!! あれが宇宙ステーションや!!
えー
あの中で生活してんねんで～
星にしか見えへーん
すごいなぁ ロマンやなぁ
おーい!!
見えてよかったなぁ
家から数分でちょっと旅気分が味わえロマン感じるお手軽レジャーになりました

数か月に一度見えるので
そのたび見に行きました
今日は日本上空通る時手振ってくれんねんて
わーい
最近は
行かへーん
えー
こんな感じですが
ただいまー
今むっちゃ月大きいで!!
きれいやで
部活が終わって暗くなってから帰ってくることが多い娘が
昇り始めた大きな月を教えてくれたりして
ほわー
ほんまや
見てきたほうがいいでー
へー ほな見てくるわ
今日のはむっちゃ大きいでー
夜空を楽しんでいます

エピローグ

近頃
へえ?
そんなん知らんで
覚えてへんの?
絶対に言った!
聞いてないって
え〜
ほんまに?
にじり
ほんまに!!
全然かけらも覚えてない…
びっくりするくらい物忘れがひどいんです
も〜
はっ
このやりとりって
言った!!
うそつかんといて!!
聞いてないって
私も母とやってた… 何度も何度も

しょんぼり
ほんまに記憶に残ってなかったんやな…
もー
猛烈に怒ってしまったことを
すまん
母・・・
ぎゅっ
いまさらながら反省
物忘れだけでなく
読まれへん〜
ピントが〜
ぴたっ
老眼や
ハーハー
疲れた〜
えーもう?
体力の衰え
旧友と集まれば
○漏れせーへん?
むっちゃすんねんけどー
するするー
ギャハハハ
風邪引いて咳込んだ時とか〜
えー〜!!
健康話がはずむお年頃

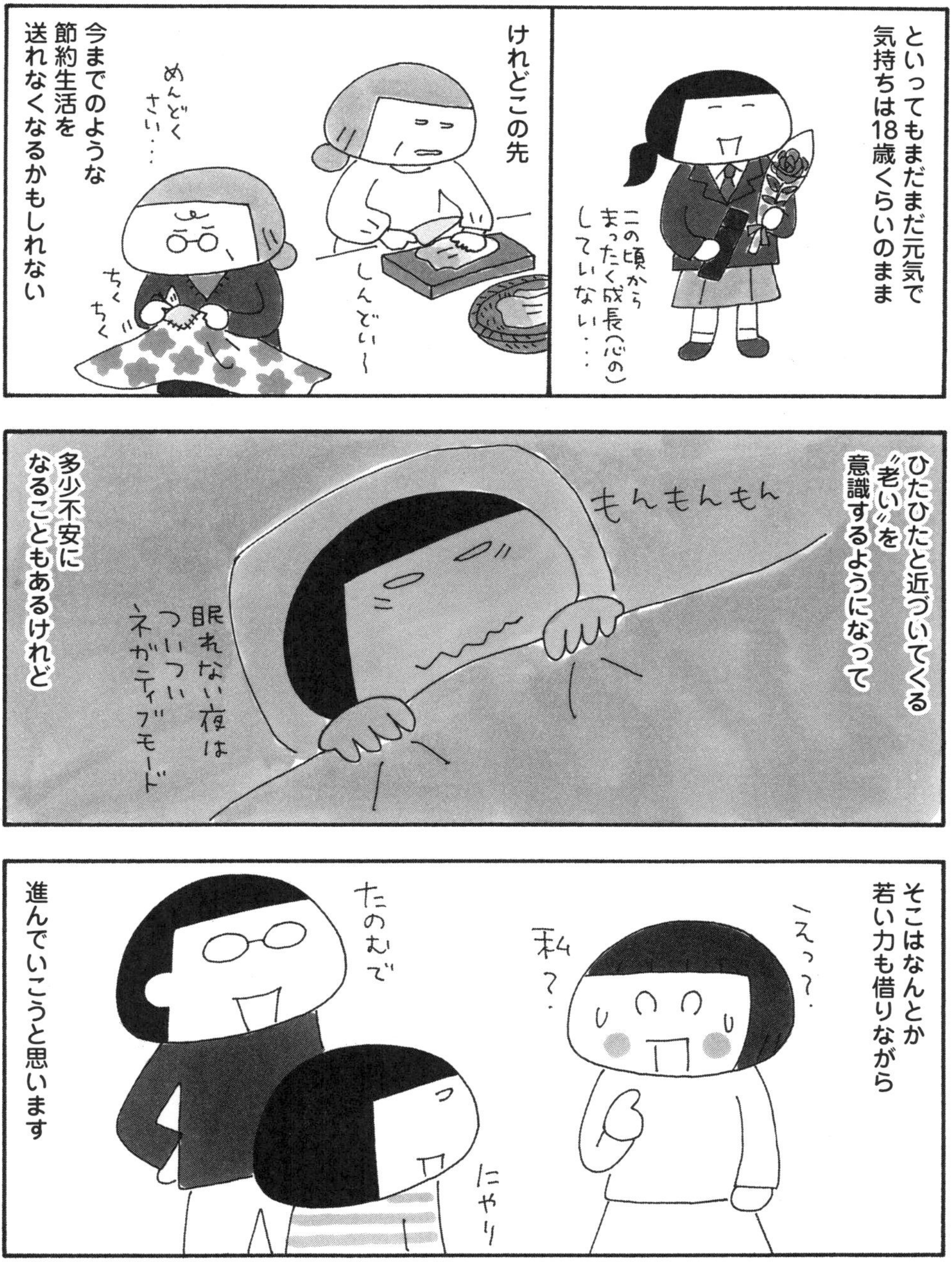
といってもまだまだ元気で
気持ちは18歳くらいのまま
この頃からまったく成長(心の)していない…
けれどこの先
しんどい〜
めんどくさい…
ちくちく
今までのような
節約生活を
送れなくなるかもしれない
ひたひたと近づいてくる
〝老い〟を
意識するようになって
もんもんもん
眠れない夜は
ついつい
ネガティブモード
多少不安に
なることもあるけれど
そこはなんとか
若い力も借りながら
えっ?
私?
たのむで
にやり
進んでいこうと思います

コミックエッセイの森

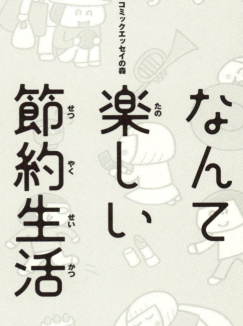

なんて楽《たの》しい節《せつ》約《やく》生《せい》活《かつ》

二〇一九年十月二五日 第一刷発行

著者 森川弘子《もりかわひろこ》
装丁 小沼宏之〔Gibbon〕
本文DTP 小林寛子
編集担当 石井麗
発行人 堅田浩二
発行所 株式会社イースト・プレス
〒一〇一-〇〇五一
東京都千代田区神田神保町二-四-七
久月神田ビル
電話 〇三-五二一三-四七〇〇
FAX 〇三-五二一三-四七〇一
URL http://www.eastpress.co.jp/
印刷 中央精版印刷株式会社

ISBN978-4-7816-1829-6
C0095